Neue Rechtschreibung

Mari Lu Robbins

DAS INDIANERBUCH

Alte Überlieferungen und Kultur der amerikanischen Ureinwohner

EINE WERKSTATT

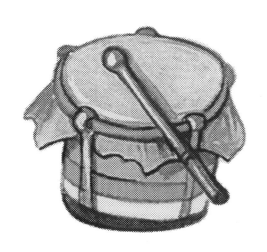

Aus dem Amerikanischen von Ulrike Beck

Titel der amerikanischen Originalausgabe:
Native American Tales and Activities

© 1996 Teacher Created Materials, Inc.
P.O. Box 1040, Huntington Beach, CA 92647.

Autorin: Mari Lu Robbins
Illustrationen: Kelly McMahon, José L. Tapia

© 1997 für die deutschsprachige Ausgabe beim
Verlag an der Ruhr
Postfach 102251
45422 Mülheim an der Ruhr
Tel.: 0208/495040
Fax: 0208/4950495
e-mail: info@verlagruhr.de

Übersetzung: Ulrike Beck
Redaktion: Bea Herrmann
Satz & Layout: Rüdiger Heierhoff
Druck: Druckerei Uwe Nolte, Iserlohn

ISBN 3-86072-313-8

Dieses Werk ist urheberrechtlich geschützt. Alle Rechte der Wiedergabe, auch in Auszügen, in jeder Art (Fotokopie, Übersetzung, Mikroverfilmung, elektronische Speicherung und Verarbeitung) liegen beim Verlag.

Verlag an der Ruhr

Inhalt

Einleitung 4

Geschichten erzählen 5

Am Anfang 6
Napi erschafft die Welt 7
Papiertütenweste 11
Der Alte Mann Kojote erschafft einen neuen Vogel 12
Ein Pferd zeichnen 16
Handtrommel 17
Warum Sonne und Mond niemals heirateten 18
Sonne- und Mond-Masken 20
Wie die Menschen an das Feuer kamen 21
Korb 24

Geschichten über die Entstehung der Dinge 25
Warum es Blutsbrüder gibt 26
Papierperlenkette 28
Warum wir Dank sagen 29
Tanz-Fußbänder 31
Tanz-Schärpe 32
Der Maisgeist 33
Maisblatt-Puppe 36
Die Geschichte vom Tipi des Bären 37
Tipi 39

Geschichten von Sonne, Mond und Sternen 40
Die fünf Schwestern 41
Apfelpuppe 44
Warum die Hände des Maulwurfs ganz verbogen sind 45
Handspiel 46
Über Fetisch-Ketten 47
Fetisch-Kette 48
Wie die Sonne in den Himmel kam 49
Tanzfächer aus Adlerfedern 53
Der Ursprung des Nordsterns 54
Weben auf Pappe 57

Tiermenschen · 58

Der kunterbunte Vogel	59
Sandbild	62
Die Kinder der Maus	63
Mais- und Kürbissuppe	67
Das Wettrennen der Schwänze	68
Maisbrot	72
Die Sumpfschildkröte und der Truthahn	73
Petroglyphen	76
Das Ballspiel zwischen den Vögeln und den übrigen Tieren	77
Beutel	81

Romantische und geheimnisvolle Geschichten · 82

Der Nordwind und der Südwind	83
Geschichtentasche	86
Wolkenfänger und Mondfrau	87
Früchtebrot	91
Die Legende von Tutokanula	92
Schauen und Sehen: Zwei unterschiedliche Dinge	95

Spiraltopf	96
Der Junge und der Adler	97
Pueblo-Dorf	102
Die himmlischen Mädchen	103
Katzenwiege	108
Fischspeer	109
Die Geisterfrau	110
Angelköder	113

Heldengeschichten · 114

Die Büffel rufen	115
Entenköder	119
Parfleche	120
Glooscap und das Baby	121
Ahornsirup-Pralinen	124
Sweet Medicine füttert die Menschen	125
Geschicklichkeitsspiel	128

Gauner-Geschichten · 129

Kojote und der kleine Blaufuchs	130
Schildkrötentanz-Rasseln	135
Warum der Hirsch so stumpfe Zähne hat	136
Das Kaninchen mit Geweih	139
Tonperlen	140
Das Kaninchen entkommt den Wölfen	141
Kriegsbemalung	143
Wie die Wildkatze den Truthahn fing	144
Kanu	147
Der Rabe und der Mond	148
Schnitzbilder	151
Vieho und die Enten	152
Gottesauge	158

Quellen · 159

Einleitung

Die Geschichten in diesem Buch wurden durch mündliche Überlieferung seit langer Zeit von den Geschichtenerzählern der Indianer weitergegeben. Die Mythen und Legenden einer Volksgruppe sagen fast genauso viel über sie aus wie die Nahrung, die sie essen, oder die Häuser, in denen sie wohnen. Denn diese Erzählungen zeigen uns, wer sie sind, von wo sie kommen und nach welchen Regeln sie leben.

Die hier zusammengestellten Geschichten erzählen oft von großen Helden oder wollen eine Anschauung vermitteln. Einige enthüllen Geheimnisse des Universums, andere schildern die Geschichte dieser Völker. Viele sind voller Humor. Die Geschichten in diesem Buch stammen von vielen unterschiedlichen Indianerstämmen und sie sind immer noch so spannend, als würden sie zum ersten Mal erzählt.

Diese Mythen und Legenden eignen sich gleichermaßen für Kinder und Erwachsene. Ihre universellen Themen sind für alle Altersgruppen von Interesse. Sie wurden ausgewählt, weil sie in ganz unterschiedlichem Rahmen eingesetzt werden können: zu Hause, in der Schule, in der Kirche oder bei der Jugendarbeit.

Jede Geschichte dieses Buches wird von mindestens einer Aktivität begleitet, die meist die Bedeutung der Geschichte vertiefen soll. In einigen bilden die Kinder Werkzeuge oder Gegenstände aus dem alltäglichen Leben der Indianer nach, andere befassen sich mit Themen, die die Vergangenheit mit aktuellen Problemen verbinden. Für die Aktivitäten benötigt man im Allgemeinen Materialien, von denen die meisten bereits zu Hause oder in der Klasse zur Verfügung stehen oder in jedem Bastelgeschäft zu bekommen sind.

Die Geschichten in diesem Buch sind besonders gut dafür geeignet, dass ein Erwachsener sie einem Kind vorliest und mit ihm darüber diskutiert. Diese Übungsform hilft den Kindern nicht nur, in der Schule erfolgreich zu sein, sie intensiviert auch die emotionale Bindung zwischen Vorleser und Zuhörer und hat darüber hinaus einen lern- und lesefördernden Aspekt. Außerdem ist die Zusammenarbeit bei den dazugehörigen Aktivitäten neben der Lektüre ein zusätzlicher Spaß.

Lesen Sie die Geschichten mit Begeisterung vor und beachten Sie dabei die Hinweise auf Seite 5. Einige der Geschichten werden sich zu Lieblingsgeschichten entwickeln, die immer wieder gelesen werden. Am Ende wird man noch mehr Geschichten hören und noch mehr über die Indianer herausfinden wollen.

Geschichten erzählen

Wenn ein Indianer die Mythen und Legenden seines Volkes erzählt, so tut er dies nicht nur mit Worten, sondern auch mit der Sprache seines Körpers, mit Geräuschen und dramatischen Effekten. Die Geräuscheffekte eines Geschichtenerzählers können das Rauschen von Vogelschwingen, das Galoppieren eines Pferdes, das Pfeifen des Windes oder das Prasseln des Regens umfassen. Die Gefühle der Figuren in einer Geschichte spiegeln sich auf dem Gesicht des Erzählers wider und sind in dessen Stimme zu hören. Es ist wichtig, dass die Kinder, die zuhören, die Geschichten verstehen und sich daran erinnern können, da sie die Überlieferungen und die Weisheit vieler Generationen enthalten. Später, wenn die Kinder größer sind und die Geschichten im Detail widergeben können, werden sie die Tradition des Geschichtenerzählens fortsetzen und so ein tieferes Verständnis für die amerikanischen Ureinwohner fördern.

In Ergänzung zu der Aktivität, die jeder Geschichte folgt, helfen Ihnen die folgenden Schritte dabei, die Bedeutung der jeweiligen Geschichte den Kindern einsichtiger zu machen.

- Lesen Sie die Geschichte lebendig vor und verwenden Sie dramatische Effekte. Variieren Sie Sprechgeschwindigkeit und Tonhöhe und verändern Sie die Mimik bei jeder Figur in der Geschichte.
- Während Sie die Geschichte vorlesen, fragen Sie das Kind zwischendurch, was als nächstes passieren könnte.
- Machen Sie hin und wieder eine Pause und sprechen Sie mit dem Kind über die Figur(en) und die Handlung.
- Wenn Sie die Geschichte vorgelesen haben, bitten Sie das Kind, die Geschichte mit eigenen Worten zu wiederholen.
- Basteln Sie Puppen aus Strümpfen oder Papiertüten, die eine oder mehrere Figuren in der Geschichte darstellen.
- Lassen Sie das Kind die Geschichte mit eigenen Worten, der eigenen Körpersprache und dramatischen Effekten einem anderen Erwachsenen oder einem anderen Kind gegenüber nacherzählen.
- Lassen Sie das Kind ein Bild malen, in dem ein Vorfall der Geschichte oder eine Figur abgebildet wird.
- Drücken Sie vor allem Ihre eigene Begeisterung für die Geschichten aus und zeigen Sie, dass die Geschichten spannend sind und Sie interessieren.

Am Anfang

Alle Völker dieser Erde kennen Mythen und Legenden darüber, wie die Welt und die ersten Menschen entstanden sind. Die Indianervölker in Nordamerika haben viele verschiedene Geschichten, in denen es um ihre Anfänge geht. Einige Geschichten beschreiben, wie eine himmlische Frau auf die Erde fiel und zwei Jungen gebar, die die Ursache für das Gute und das Böse in der Welt waren. Manche Geschichten erzählen von einer Riesenschildkröte, die auf einem gewaltigen Meer trieb und auf deren Panzer das erste Land erwuchs. Wieder andere Geschichten berichten von Kojote, dem Alten Mann Kojote oder einfach dem Alten Mann, der die Welt ziemlich planlos erschaffen hat und einfach so lange herumwurstelte, bis er den Menschen in seiner heutigen Form geschaffen hatte. Einige Indianer aus Kalifornien erzählen, wie die Vögel ihr Heimattal gemacht haben. Die nun folgenden Erzählungen sind nur eine kleine Auswahl aus den zahlreichen Geschichten, die es gibt.

Napi erschafft die Welt

Diese Geschichte von den Indianern aus den Bergen im Nordwesten Amerikas erzählt von Napi oder dem Alten Mann, der die Welt erschaffen und mit vielen unterschiedlichen Stämmen bevölkert hat. Die Geschichte beschreibt, was er den Menschen alles beigebracht hat, damit sie überleben. Und sie berichtet, wie Napi die schwierige Entscheidung traf, ob die Menschen ewig leben sollten.
Schau dich um und sieh dir all die Berge und Flüsse an. Sieh dir die Tiere an, die Pflanzen und sogar die Menschen. Sie alle wurden von Napi erschaffen, den wir auch den Alten Mann nennen. Er hat alles vor langer Zeit ganz allein erschaffen. Und so hat er es gemacht.

Napi ging durch die Welt und sie war leer. Er dachte, es wäre schön, wenn etwas da wäre, und so fing er im Süden an und arbeitete sich nach Norden hoch. Er lief durch die Welt und stellte da einen Berg hin und dort einen Fluss. Dann erschuf er die Prärien, die Bäume und die Büsche. Manchmal dachte er bei sich: „Dieser Ort wäre in rot ganz hübsch", und er tupfte rote Farbe darauf. Mitunter nahm er auch eine andere Farbe.
An manchen Orten kann man heute noch sehen, wo er entlanggegangen ist. Wenn man zum Milk River geht, sieht man sogar, an welcher Stelle er sich zum Schlafen hingelegt hat.

Denn dort erkennt man noch den Abdruck seines Körpers, des Kopfes, der Arme und Beine im Fels. An einem anderen Punkt kann man sehen, wie er hingefallen ist, als er über einen großen Felsen stolperte. Nachdem er wieder aufgestanden war, dachte er: „Ich sollte das besser festmachen, damit niemand so darüber stolpert wie ich." Und er stellte diese beiden großen einzelnen Berge auf, die wir heute ‚Knees' nennen.
Napi streute Gras in die Prärie und auf einige Hügel. Er pflanzte alle möglichen Arten von Wurzelgewächsen: Karotten, Rüben und Zwiebeln.

Dann pflanzte er Pflaumen- und Kirschbäume und Rosensträucher. Er setzte viele unterschiedliche Bäume. Als er mit den Pflanzen fertig war, fing er mit den Tieren an.
Zunächst war Napi sich nicht sicher, wie die Tiere aussehen sollten oder wo sie am besten leben konnten, deshalb hat er ein paar Fehler gemacht. Er stand mitten in der Prärie, als er die Dickhornschafe erschuf. Er sah gleich, dass er sie am falschen Ort untergebracht hatte.

Ihre Hörner waren zu schwer und hinderlich da draußen auf der Ebene, darum nahm er sie hoch und setzte sie in die Berge. Das war der richtige Ort für die Schafe, dort waren sie glücklich.
Als nächstes erschuf er die Antilope. Da er immer noch in den Bergen war, machte er mit diesen Tieren wieder einen Fehler. Die kleinen Füße und schlanken Beine der Antilopen hatten es schwer, sich in den Bergen zu bewegen, da sie immer in den engen Felsspalten hängenblieben. Deshalb nahm Napi die Antilopen und setzte sie hinunter in die Prärie. Das war viel besser. Napi fuhr so fort, er erschuf zahlreiche Tiere und setzte sie in unterschiedliche Umgebungen, um herauszufinden, wo sie hingehörten. Nach einer Weile waren alle Tiere dort, wo sie sich am wohlsten fühlten. Da begann Napi, die Menschen zu erschaffen.
Napi nahm eine Handvoll Lehm und formte daraus eine Frau und ein Kind. Er experimentierte ein bisschen mit ihnen herum, wie er es auch mit den Tieren getan hatte, so lange, bis sie ziemlich gut aussahen.

Er deckte sie zu und ging einen Tag weg. Als er wiederkam, hob er die Decke an und betrachtete die Frau und das Kind. Sie waren immer noch nicht ganz fertig, deshalb deckte er sie wieder zu und ging weg. Vier Tage lang kam er jeden Tag vorbei und sah nach dem Rechten. Am vierten Tag beschloss er, dass sie genau richtig waren. Er sagte zu ihnen: „Steht auf und bewegt euch." Und sie taten, was er ihnen gesagt hatte.

Danach ging Napi durch das Land und schuf noch mehr Menschen. Alle Menschen, die es heute gibt, stammen von diesen ersten Menschen ab, die Napi erschaffen hat. Sie waren ihm nicht so gut gelungen, wie er gehofft hatte, denn die ersten Menschen waren nicht gerade sehr schlau. So ließen sie sich zum Beispiel vom Büffel fressen, obwohl sie doch eigentlich den Büffel fressen sollten. Deshalb musste Napi ihnen beibringen, wie die Dinge funktionieren. Sie wussten nicht, wie man Wurzeln ausgräbt, geschweige denn, dass sie Kleider tragen sollten.

Aber schließlich lernten die Menschen, wie sie sich verhalten sollten. Sie entwickelten ein ziemliches Geschick dabei, in der Welt zu überleben, die Napi für sie gemacht hatte.

Eines Tages kam eine der ersten Frauen, die Napi erschaffen hatte, zu ihm. Er war damals immer noch da und die Menschen konnten mit ihm über ihre Probleme reden. Sie fragte ihn: „Napi, werden wir ewig leben?"

Napi stützte sein Kinn auf die Hand und dachte nach. Er hatte sich über diese Frage noch keine Gedanken gemacht und er war sich nicht sicher, wie die Antwort lauten sollte.

Nachdem er eine Weile nachgedacht hatte, sagte er: „Ich bin mir darüber nicht im Klaren. Wir machen es folgendermaßen: Ich nehme ein Hornstück von einem Büffel und werfe es in den Fluss. Wenn es schwimmt, sterben die Menschen nur für vier Tage und kommen dann zurück ins Leben. Wenn es aber sinkt, sterben die Menschen für immer."
Er warf das Stück in den Fluss und es schwamm.
„Hmm", sagte die Frau. „Ich werfe einen Stein ins Wasser. Wenn er schwimmt, leben die Menschen ewig."
Sie warf einen Stein in den Fluss und er ging unter.
„Nun, dann ist ja alles entschieden", sagte Napi. „Wenn die Menschen sterben, bleiben sie tot. So werden wir lernen, mit anderen Mitleid zu haben."
Vier Tage später starb das Kind der Frau und sie kam zurück zu Napi. „Ich habe meine Meinung geändert", sagte sie. „Ich denke, wenn Menschen sterben müssen, dann soll es nur für vier Tage sein. Und danach sollen sie wieder zum Leben erwachen."
„Es tut mir leid!", sagte Napi. „Wir haben eine Abmachung getroffen. Wenn ein Mensch stirbt, dann für immer."
Das ist der Grund dafür, dass das Sterben ein Teil des Lebens ist und wir nicht wieder aufstehen. Deshalb trauern wir, wenn jemand geht, weil wir wissen, dass wir diese Person vermissen werden.
Es stellte sich heraus, dass der Tod eine gute Sache ist, weil immer mehr Babys geboren wurden, und wenn sie alle ewig leben würden, gäbe es nicht genügend Platz für sie zum Leben.

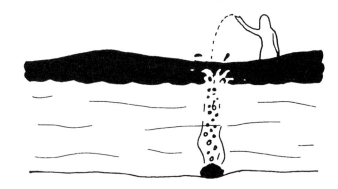

Papiertütenweste

Benötigtes Material

Eine große, braune Papiertüte (gibt's z.B. bei Aldi); Schere; Buntstifte, Farbe und Pinsel oder Filzstifte; Garn; Klebestreifen.

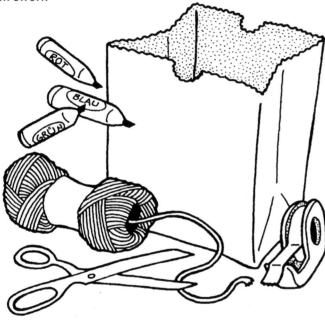

So wird's gemacht!

1. Die Papiertüte wird aufgeklappt. Für Kopf- und Armöffnungen werden Kreise aufgemalt. In der Mitte der Tasche zieht man eine Linie für die Öffnung der Weste.
2. Von unten schneidet man an der Linie entlang bis zum Halsausschnitt oben die Tüte auf. Beide Seiten der Öffnung werden vorne mit Klebestreifen verstärkt.
3. Jetzt schneidet man die Kreise für den Hals und die Arme aus.
4. Nachdem an der Unterkante Fransen eingeschnitten wurden, kann man die Weste mit Bildern und Mustern bemalen.
5. Auf gleicher Höhe und im gleichen Abstand werden kleine Löcher in die Vorderteile der Weste geschnitten.
   Zum Schluss werden einheitliche Garnstücke durch die jeweils gegenüberliegenden Löcher der Weste gezogen.

1. Schritt   4. Schritt

Weitere Informationen

Westen aus Tierhaut wurden von den Indianern der Prärien und den Indianer aus den Bergen im Nordwesten getragen, und zwar von den Chippewa, den Sioux, den Crow, den Cheyenne, den Blackfoot sowie von vielen anderen Stämmen. Viele dieser Westen waren verziert mit farbenfrohen Mustern, für die man Perlen oder die gefärbten Borsten eines Stachelschweins verwendete. Die Fransen an der Weste symbolisieren die Sonnenstrahlen, die aus dem Geist einer jeden Person kommen. Man kann die Westen zusätzlich mit Perlen, Garn, Federn, Bändern, Muscheln und/oder bunten Nudeln verzieren.

Der Alte Mann Kojote erschafft einen neuen Vogel

Der Alte Mann Kojote der Crows ähnelt in vielerlei Hinsicht dem Alten Mann oder Napi von den Blackfoot. In dieser Geschichte zur Entstehung der Welt ist der Alte Mann Kojote ebenfalls ein witziger Schöpfer, der herumstümperte und alles mögliche ausprobierte, als er die Welt, die Pflanzen und die Tiere erschuf. Dann kam ein anderer Kojote mit Namen Cirape vorbei und sagte: „Ich glaube dir nicht, dass du all diese Dinge gemacht hast." Also musste der Alte Mann Kojote es beweisen. Gleich kannst du selbst nachlesen, wie er ein weiteres Tier erschaffen hat!

Niemand weiß, woher der Alte Mann Kojote eigentlich kam, aber plötzlich war er da, so groß, wie man sich nur vorstellen kann. Er sah sich in der Welt um und sagte: „Hey, ich bin ja ganz allein! Ich möchte jemanden, mit dem ich reden kann."
Er sah sich noch einmal um, aber alles, was er sah, war Wasser. Auf dem Wasser schwammen zwei kleine Enten mit roten Augen. Die Enten waren zwar völlig unwissend, aber eine von ihnen steckte ihren Kopf unter Wasser und kam mit einer Pflanze oder einer Wurzel wieder hoch. Sie hatten keine Ahnung, um was es sich eigentlich handelte, aber es war Lehm daran.

Der Alte Mann Kojote sagte: „Ich glaube, ich werde den Lehm wachsen lassen." Und das tat er dann auch. Er blies darauf und das Lehmklümpchen wurde immer größer. Er blies so lange, bis es ein Land war. Dann nahm er die kleine Wurzel und machte viele Pflanzen daraus: Gräser, Bäume und Büsche.
Der Alte Mann Kojote sah sich um und sagte: „Ich muss mir mit diesem Land etwas einfallen lassen, denn es ist so flach. Ich denke, ich werde einige Flüsse und Hügel hinzufügen." Und das tat er dann auch.

Er sah sich wieder um, während die Enten herumpaddelten. Er setzte Flüsse da und Seen dorthin. Dann sagte er: „Diese Flüsse und Seen sind zu weit voneinander entfernt. Ich werde einige Quellen und Bächlein hinzufügen." Und das tat er dann auch.

Aber er war noch nicht zufrieden, denn er war weiterhin allein. Er hatte außer den zwei Enten keine Gesellschaft und die hatten nicht viel zu erzählen. Er erschuf noch ein paar andere Tiere. Aber die sprachen auch nicht gerade viel. Der Alte Mann Kojote sagte: „Ich weiß, was mir fehlt! Ich brauche Freunde. Ich glaube, ich werde einige Menschen erschaffen." Und das tat er dann auch.

Am Anfang machte er nur Männer. Er hauchte sie an und gab ihnen das Leben. Er sah auf die Männer, die er gemacht hatte, und sagte: „Sie sehen gut aus und sie sind genauso schön wie ich. Aber die Welt braucht auch Frauen, die zu den Männern gehören und ihre Ehefrauen sein werden.

Auf diese Weise können die Menschen sich fortpflanzen. Ich denke, ich werde auch ein paar Frauen machen." Und das tat er dann auch.

Die Enten fanden es nicht gerecht, dass die Männer Frauen haben sollten und sie nicht. Sie wollten auch eine Frau an ihrer Seite. Deshalb erschuf der Alte Mann Kojote Entenweibchen. Dann ging er durch die Welt und machte für alle Tiere Weibchen. Er sah sich wieder alles an. „Die Welt sieht jetzt ziemlich gut aus", sagte er. „Ich denke, ich kann nun aufhören."

Aber genau in diesem Augenblick kam der andere Kojote Cirape vorbei. Niemand wusste, woher er kam. Plötzlich war er da, genau wie vorher der Alte Mann Kojote.

„Nun, wie geht es dir, Jüngerer Bruder?", sagte der Alte Mann Kojote zu Cirape. „Was hältst du von der Welt, die ich gerade gemacht habe?"

Cirape schaute sich die ganzen Tiere an – die Bären, die Büffel, die Hirsche und alle anderen.

Der alte Mann Kojote zeigte von einem Tier auf das nächste und setzte sich dann hin. Er war ziemlich zufrieden mit dem, was er geleistet hatte. Er sagte zu Cirape: „Ich habe sogar dich gemacht! Wusstest du das überhaupt?"

Cirape sah an sich herunter, dann sah er den Alten Mann Kojote an. Sein Unterkiefer klappte nach unten, er machte ein völlig verdutztes Gesicht und sagte dann: „Nein!"

„Was meinst du mit ‚Nein'?", wollte der Alte Mann Kojote wissen. „Ich habe all diese Tiere und überhaupt alles in dieser Welt erschaffen und ich habe auch dich gemacht."

„Das glaube ich nicht!", sagte Cirape, der viel schlauer war als die Enten und nicht einfach alles glaubte, was ihm jemand erzählte. Aber trotzdem machte er den Mund zu einem Zeitpunkt auf, als er ihn besser gehalten hätte. „Ich habe mich erschaffen!", rief er aus.

„Wie kommst du denn auf die Idee?", fragte der Alte Mann Kojote. „Ich vermute, ich muss dir beweisen, dass ich die ganzen Tiere und alle Dinge hier gemacht habe. Ich werde also einen neuen Vogel erschaffen." Und das tat er dann auch.

Er machte Flügel aus dem Muskel eines Bullen und den Pfoten eines Kojoten und eines Bären. Er nahm einen kleinen, haarigen Wurm und machte Schwimmfüße daraus. Er nahm einen Muskel und einige Krallen vom Wolf und bastelte einen Schnabel. Er ging hinüber zu einem Ahornbaum. Aus den Blättern machte er einen Schwanz. Als er fertig war, stand ein Präriehuhn vor ihnen, einfach so! Er hauchte es an und erweckte es zum Leben.

Der Alte Mann Kojote lehnte sich zurück und sah sich das Präriehuhn an. Er sagte: „Weißt du was, Präriehuhn? Du bist eine unvollkommene Kreatur! Dir fehlt noch etwas, aber ich muss noch darüber nachdenken, was es ist." Und das tat er dann auch. Cirape machte keinen Mucks, denn er konnte es immer noch nicht ganz fassen, dass der Alte Mann Kojote wirklich all diese Dinge erschaffen hatte. Schließlich sagte der Alte Mann Kojote zum Präriehuhn: „Jetzt hab ich es. Das ist deine Aufgabe: Du sollst hin und wieder ein paar Menschen erschrecken!"
Der Alte Mann Kojote ging weg. Dann drehte er sich zum Präriehuhn um. „Ich habe etwas Wichtiges vergessen", sagte er. „Ich muss noch dafür sorgen, dass du schön aussiehst." Und das tat er dann auch. Er nahm weißen, trockenen Lehm und streute ihn über das Präriehuhn. Er sagte: „Jeden Morgen, wenn die Sonne aufgeht, wirst du einen Tanz aufführen. Du wirst mit dem Schwanz wackeln und deine Flügel ausbreiten.

Dann wirst du deinen Kopf flach über den Boden halten und tanzen, bei Sonnenaufgang und dann, wenn die Sonne am Horizont verschwindet."
Und genau das tut das Präriehuhn, immer kurz bevor die Sonne aufgeht und unmittelbar nachdem sie untergegangen ist.
Nun gab es aber das Problem, dass alle anderen Tiere eifersüchtig waren, weil sie keine besonderen Tänze hatten. Deswegen gab der Alte Mann Kojote ihnen allen auch Tänze. Da fingen die Tiere an zu streiten, wer von ihnen der beste Tänzer sei. Nach einer Weile wurde der Alte Mann Kojote es müde. Deshalb sagte er: „Ich bin es leid, mir diese ganzen Streitereien anzuhören. Ich glaube, ich werde mich ein wenig ausruhen." Und das tat er dann auch.

Ein Pferd zeichnen

Benötigtes Material
Papier; Stift.

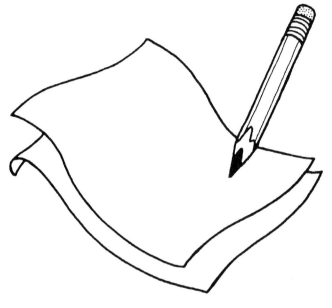

So wird's gemacht!
1. Zuerst werden Rumpf und Kopf eines Pferdes gezeichnet.
2. Hals und alle vier Beine werden hinzugefügt.
3. Nun folgen die Ohren und die Hufe.
4. Das Bild wird vervollständigt durch fehlende Details, wie zum Beispiel Stirnhaar, Mähne, Schweif und Gesichtszüge. Eventuell kann auch ein Hintergrund gemalt werden.

Weitere Informationen
• Die Prärieindianer und die Indianer im Südwesten Amerikas hatten Pferde, nachdem die Spanier sie in die Neue Welt brachten. Die Pferde wurden einer der wichtigsten Aspekte im Leben der Indianer. Man behandelte sie liebevoll und zog sie mit viel Sorgfalt auf. Die Indianer ritten auf den Pferden, benutzten sie, um ihre Tipis und andere Gegenstände darauf zu transportieren, und sogar als Zahlungsmittel. Manchmal, wenn ein Häuptling starb, wurde sein Pferd mit ihm begraben. Indianische Künstler malten Pferde auf ihre Kleider aus Büffelhaut, auf Höhlenwände und auf Papier. Die Indianer hielten viele verschiedene Pferdearten. Eine Rasse, die von den Indianern gezüchtet wurde, sind die Appaloosa-Pferde. Dieser Pferdetyp hat ein weißes Hinterteil mit braunen und schwarzen Flecken.

• Es können mehrere Pferde gezeichnet und in den Farben braun, schwarz, grau und weiß koloriert werden. Einige können mit großen, ungewöhnlichen Flecken – entsprechend des Fells der Pinto-Ponys – versehen werden. Auch auf eine Weste (Seite 11) oder auf ein Paar Leggings kann man Pferde malen.

2. Schritt   4. Schritt

Handtrommel

Benötigtes Material

Kaffeedosen mit Plastikdeckel, bei denen der Boden entfernt wurde, runde Zwei-Liter-Eispackung aus Karton oder ein Eimerchen (2 l); Bunt- oder Packpapier; Klebstoff oder Tesafilm; Filzstifte, Buntstifte oder Farben und Pinsel; Holzlöffel.

2. Schritt   3. Schritt

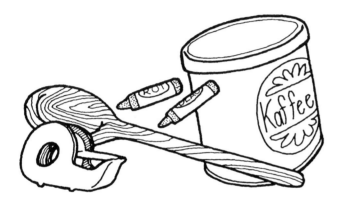

So wird's gemacht!

1. Die Seitenfläche von Dose, Eispackung oder Eimer wird mit Buntpapier beklebt.
2. Nun kann man das Papier mit Indianermustern und Symbolen bemalen.
3. Auch der Löffel wird mit Mustern verziert und als Schlagstock benutzt.

Weitere Informationen

• Musik spielt eine sehr wichtige Rolle im Leben der Indianer. Alle Indianerstämme, darunter auch die Prärieindianer, die Sioux, Cheyenne, Kiowa, Chippewa, Crow und Blackfoot bauen Trommeln, auf denen sie ihre Tänze begleiten. Ganze Gruppen von indianischen Trommlern gehen zu den Powwows, den Versammlungen der Indianer in ganz Nordamerika, um dort für die Tänzer zu singen und zu spielen und an den traditionellen Feierlichkeiten teilzunehmen, die von den Indianern veranstaltet werden.

• Die Indianer bauen ihre Trommeln oft aus hohlen Baumstämmen, Tierhäuten und Körben. Die Apachen bauen Wassertrommeln.

• An den Schlagstock und an die Seite der Trommel kann man zusätzlich Federn binden. Auch aus einem Tongefäß, einem Blumentopf oder einem Blecheimer kann man eine Trommel bauen. Ebenso könnte man einen geflochtenen Korb als Schlaginstrument verwenden. Um ein raschelndes Geräusch zu erzeugen, werden Kiefernadeln am Ende des Schlagstocks befestigt.

Warum Sonne und Mond niemals heirateten

Die Ureinwohner Amerikas glaubten, dass Sonne, Mond und Sterne einmal Menschen waren wie sie selbst, und man erzählte sich viele Geschichten über sie. Die Sonne ist der Lebensspender. Ihr Licht und ihre Wärme lassen alle Lebewesen wachsen. Das Licht des Mondes und der Sterne erleuchtet den Nachthimmel und trägt auf diese Weise viel zur Schönheit dieser Welt bei. In den meisten Geschichten wird die Sonne als männlich, der Mond als weiblich angesehen. So auch in dieser Geschichte von den Indianern aus dem Südwesten Amerikas. Für andere Stämme wie für die Cherokee ist die Sonne weiblich und der Mond männlich. Oft werden Sonne und Mond als ein Liebespaar gesehen, das niemals zueinander findet.

Dies ist eine sehr traurige Geschichte, denn sie handelt von zwei Menschen, die sich sehr lieben und heiraten wollen, aber das nicht schaffen.
Sonne liebt Mond mehr als das Leben. Er weiß, dass sie das Schönste ist, was man jemals auf der Erde gesehen hat. Sonne würde alles geben, wenn er Mond nur zu seiner Frau machen könnte. Aber leider antwortete sie, als er sie bat, ihn zu heiraten: „Oh ja! Ich möchte dich heiraten, aber vorher musst du eine Sache für mich tun."

„Alles", antwortete Sonne. „Ich mache alles für dich, was du willst, weil ich dich so sehr liebe. Sag mir nur, was es sein soll."
Mond sagte es ihm: „Bring mir als Zeichen deiner Liebe ein Geschenk, das mir genau passt."
„Was möchtest du denn haben?", fragte Sonne.
„Das ist ganz egal, aber es muss mir genau passen", antwortete Mond.
„Ich werde das für dich tun, denn deine Liebe bedeutet mir mehr als alles andere", sagte Sonne und nahm sorgfältig Maß.

Dann ging er fort, um das schönste Geschenk für seine Geliebte zu suchen.
Er brachte ihr ein Geschenk, das genau den Maßen entsprach, die er genommen hatte. Es war ein schönes Geschenk, aber leider passte es nicht.
„Oh, das tut mir so leid", sagte er. „Ich versuche es noch einmal."
Er nahm noch einmal Maß und ging dann wieder fort, um nach einem neuen Geschenk zu suchen.
Das Geschenk, das er ihr diesmal brachte, war sogar noch schöner als das erste, aber es passte auch nicht.
„Was soll ich bloß tun?", fragte er sich im Stillen. „Jedesmal wenn ich Mond sehe, nehme ich sorgfältig Maß, aber wenn ich ihr dann das Geschenk bringe, das diesen Maßen entspricht, passt es ihr nicht. Es scheint, als ändere sie die Größe, jedesmal wenn ich sie sehe."

Einmal ist das Geschenk zu klein, beim nächsten Mal zu groß, aber niemals passt es ganz genau. Das passiert jedesmal, wenn Sonne ihr ein Geschenk mitbringt. Er gibt nicht auf, versucht es immer wieder, ein ums andere Mal. Wenn du die Sonne weinen siehst, musst du wissen, dass es wegen Mond ist, die er mehr liebt als alles andere, aber die er niemals heiraten kann.

Sonne- und Mond-Masken

Benötigtes Material

Eine große Schüssel mit glatter Oberfläche, auf der Außenseite eingefettet; in Streifen gerissenes Zeitungspapier oder Papiertücher; Tapetenkleister; große Schüssel, um den Tapetenkleister anzurühren; andere Gegenstände wie Partybecher, Spulen oder Pappstücke etc.;
Klebstoff (wahlweise);
Temperafarbe.

So wird's gemacht!

1. Der Tapetenkleister wird entsprechend den Anweisungen auf der Packung angerührt und die Papierstreifen hineingelegt.
2. Nun schichtet man zwei Lagen Papierstreifen um die eingefettete, leere Schüssel.
3. Partybecher, Spulen, Pappstücke o.Ä. klebt man auf die Maske, um Gesichtszüge wie z.B. Nase, Augen, Mund, Kinn und Ohren darzustellen, oder man bastelt daraus die Sonnenstrahlen.
4. Diese Gegenstände werden mit zusätzlichen Papierstreifen bedeckt.
5. Die Masken müssen trocknen, bevor sie von der Schüssel abgenommen werden. Anschließend kann man sie bemalen.

1. Schritt   4. Schritt

Weitere Informationen

- Viele nordamerikanische Indianer basteln Masken. Die Masken wurden häufig für die Tänze gebraucht oder nur zum Spaß angefertigt. Die älteste Maske, die man in Nordamerika gefunden hat, ist 8000 Jahre alt. Sie wurde in Tequixquiac in Mexiko gefunden. Die Masken wurden aus Holz, Tierknochen, Tierköpfen, Metall, Leder und vielen anderen Materialien angefertigt.
- Zu einigen der folgenden Themen könnte man Masken anfertigen: Sterne, Tiergesichter, Fischgesichter, Vögel, Blumen, die Lieblingspersonen aus den Geschichten, Insekten wie Schmetterlinge oder Libellen.

Wie die Menschen an das Feuer kamen

Das Feuer war eine unheimliche Sache für die Menschen, die vor langer Zeit lebten, weil sie es nur sahen, wenn die Blitze die Bäume und ihre Hütten in Brand setzten. Als die Menschen noch kein Feuer hatten, aßen sie ihre Nahrung roh und froren bei kaltem Wetter. Als sie erst einmal Feuer hatten, um ihr Essen zuzubereiten und sich aufzuwärmen, wurde ihr Leben viel besser. Die Miwok aus Kalifornien glauben, dass der Kolibri das Feuer zu den Menschen gebracht hat, weil man an seiner kleinen Kehle die Stelle sehen kann, die das Feuer zurückgelassen hat.

Das erste Feuer wurde vom Vogeldoktor gemacht, nachdem Falke geboren worden war. Das nächste Feuer kam vom Nordriesen, der nicht sehr vorsichtig war, sodass ihm das Feuer entwischte. Es gab einen großen Waldbrand. Als alles abgebrannt war, hatten nur noch die Sternfrauen das Feuer. Sie lebten beim Holunderbeerbaum, weit im Osten, wo die Sonne jeden Morgen aufgeht.

Kojote sprach zu Falke: „Mein Enkelsohn, du weißt, dass wir in einer sehr schönen Welt leben und dass die Menschen gut sind, aber sie haben kein Feuer. Das bedeutet, dass sie sich nicht wärmen und kein Essen kochen können. Sie müssen leiden, wenn es kalt ist, und essen nur rohe Nahrung, was nicht gut ist."

„Ich weiß, Großvater", antwortete Falke.

„Ich habe Mitleid mit den Menschen, weil sie das Feuer dringend brauchen. Aber wie sollen sie es bekommen? Die Sternfrauen sind im Besitz des einzigen Feuers, das es gibt, und sie werden es mit niemandem teilen."

„Mein Enkelsohn", sagte Kojote nach einigem Nachdenken über das Problem, „jemand muss zum Holunderbeerbaum weit im Osten gehen, wo die Sonne jeden Morgen aufgeht. Dort leben die Sternfrauen. Jemand muss dort Feuer stehlen, damit die Menschen ihre Nahrung kochen und sich aufwärmen können."
„Wie soll das gehen?", fragte Falke.
„Die Sternfrauen sind sehr schnell und sie werden jeden fangen und töten, der versucht, an das Feuer zu kommen."
Kojote sagte: „Es gibt einen Vogel, der schnell genug wäre, es zu schaffen."
„Wer sollte das sein, Großvater?", fragte Falke.
„Wie könnte jemand schnell genug sein, um das Feuer von den Sternfrauen zu stehlen und ihren Fängen zu entkommen?"
„Der Kolibri kann es schaffen", sagte Kojote. „Der Kolibri ist klein, aber er kann von allen Vögeln am schnellsten fliegen. Ich bin sicher, er könnte das Feuer für uns holen."

Die beiden Männer schickten nach dem Kolibri. Als er kam, sagte Kojote zu ihm: „Kolibri, die Menschen brauchen Feuer zum Kochen und um sich aufzuwärmen. Es ist ein weiter Weg zum Feuer, es ist tief im Osten, wo die Sonne jeden Morgen aufgeht. Dort leben die Sternfrauen, die das Feuer besitzen. Willst du dorthin fliegen und für die Menschen das Feuer holen?"
„Oh ja", sagte der Kolibri.

„Du musst aber wissen, dass deine Reise sehr gefährlich ist", warnte ihn Kojote. „Wenn die Sternfrauen, die das Feuer bewachen, dich erwischen, werden sie dich töten."

„Ich weiß das, aber ich bin bereit, mein Leben für die Menschen zu riskieren", sagte der Kolibri mutig. Er schoss schnurstracks zum Holunderbeerbaum, der weit weg im Osten war, wo die Sonne jeden Tag aufgeht und die Sternfrauen wohnen. Er versteckte sich in der Nähe und wartete. Er hatte ein schlichtes, graues Federkleid und war so klein, dass er sich gut an seine Umgebung anpasste und niemand ihn bemerkte. Nachdem er kurze Zeit gewartet hatte, entdeckte er einen einzelnen Funken direkt vor dem Haus der Sternfrauen.

Wie ein Pfeil schoss er auf das Feuer zu. Er packte mit seinem langen, spitzen Schnabel den Funken und klemmte ihn fest unter sein kleines Kinn. Schnell flog er zurück zu Kojote und Falke. Von diesem Tag an konnte man den Fleck von dem Feuerfunken auf dem Hals des kleinen Kolibris hell leuchten sehen.

„Wohin tun wir das Feuer jetzt?", wandte sich Falke an Kojote.

„Lasst es uns in die Rosskastanie tun", schlug Kojote vor.

„Dort kann es bleiben. Und immer, wenn die Menschen Feuer brauchen, können sie zu diesem Baum gehen und es sich holen."

Und tatsächlich kann man bis zum heutigen Tag zur Rosskastanie gehen und mit einem spitzen Stock auf einem Stück Holz reiben, bis das Feuer an einer trockenen Stelle entfacht wird und anfängt zu brennen. Der Kolibri brachte das Feuer zur Rosskastanie und das ist der Grund, warum wir heute unser Essen kochen und uns am Feuer aufwärmen können.

Korb

Benötigtes Material

14 Papp- oder Packpapierstreifen mit den Maßen 2,5 cm x 50 cm;
Tacker oder weißer Leim; Schere;
Farbe und Pinsel oder Filzstifte.

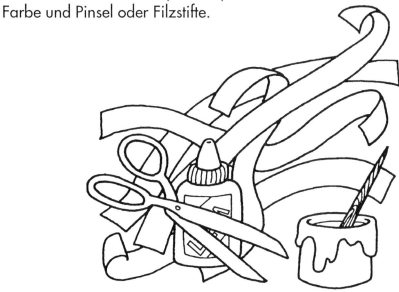

So wird's gemacht!

1. Vier Papierstreifen werden nebeneinander gelegt.
2. Danach zieht man vier weitere Streifen über und unter die ersten vier. Sie werden mit Heftklammern oder mit Klebstoff an den Enden befestigt.
3. Die Enden werden nach oben geklappt und die sechs übrigen Streifen über und unter die hochgeklappten Enden gewebt.
4. Wenn alle Streifen verwebt sind, knickt man die Enden oben um. Die Streifen werden in der richtigen Stellung befestigt, indem man die umgeknickten Enden heftet oder klebt.
5. Jetzt kann man das Körbchen mit Farbe und Pinsel oder Filzstiften anmalen.

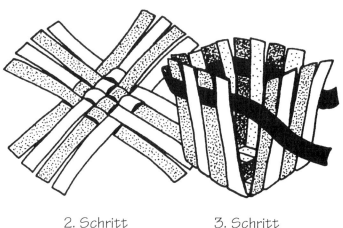

2. Schritt   3. Schritt

Weitere Informationen

- Die Indianer aus Kalifornien machen wunderschöne Körbe, die sie für viele unterschiedliche Dinge verwenden. Manche Körbe sind so fein und eng gewebt, dass sie zum Kochen verwendet werden können. Eine Indianerfrau füllt den Korb mit etwas Wasser und tut Fleisch, Wurzelgemüse oder wilde Kräuter hinzu. Dann lässt sie heiße Steine, die sie zuvor aus dem Feuer geholt hat, ins Wasser fallen. Bald beginnt das Wasser zu kochen und das Fleisch und das Gemüse werden zu einem köstlichen Eintopf oder einer Art Suppe.

- Es können auch verschiedenfarbige Pappstreifen verwendet werden, um den Korb zu flechten, oder Comicstrips aus der Zeitung. Einen weiteren Streifen könnte man als Griff ausschneiden und das Körbchen mit Papierblumen füllen.

Geschichten über die Entstehung der Dinge

Die Menschen haben sich schon immer gefragt, warum Dinge auf eine bestimmte Art und Weise gemacht werden und warum die Welt so ist, wie sie ist. Vor langer Zeit erklärte man sich die Dinge, indem man ausgeklügelte und komplizierte Geschichten erfand, die von den Traditionen und Bräuchen der Menschen erzählen. So gab man dem Leben Ordnung und Sinn. Einige Geschichten, wie die erste im folgenden Abschnitt, drücken auch den Humor der Menschen aus. In dieser Geschichte wird erklärt, wie Blutsbrüderschaft, die engste aller Freundschaften, zu Stande kommt.

Warum es Blutsbrüder gibt

Blutsbrüder sind ganz besondere Menschen, die sich viel näher stehen als normale Freunde. Sie lieben sich sogar mehr als richtige Brüder. Das liegt daran, dass sie auf eine ganz bestimmte Weise auf die Welt kommen. Ihr ganzes Leben lang stehen sie sich sehr nahe, wie Zwillinge, selbst wenn sie unterschiedliche Mütter haben. Die Lakota (Sioux) erzählen, wie es dazu kommt.

Das Land der Zwillinge ist ein wunderschönes und friedliches Land, in dem die kleinen Zwillingsseelen seit langer Zeit glücklich zusammenleben.
Sie machen immer alles zusammen.
Trotzdem ist irgendwann der Zeitpunkt gekommen, an dem die kleinen Zwillingsseelen auf die Erde kommen, um ihr Leben dort zu verbringen. Die meisten kleinen Seelen fürchten diesen Moment, weil das Leben auf der Erde sehr hart sein kann. Aber da sich die Zwillingsseelen so sehr lieben, ist es für sie nicht so schlimm, auf die Erde zu kommen, solange sie zusammen dort hingehen können.

Deshalb sehen sie sich, wenn es Zeit für sie ist, auf die Erde zu kommen, nach einer geeigneten Mutter um, die liebevoll und gutmütig ist und gesund und kräftig genug, um zwei Kinder auf einmal zu bekommen. Aber die Art, wie sie nach einer Mutter suchen, ist etwas ungewöhnlich.

Die kleinen Zwillingsseelen suchen zwei Eselhasen, die sich bereit erklären, ihnen als Pferde zu dienen. Sie klettern auf den Rücken der Eselhasen und reiten auf der Suche nach einer Mutter durch die Gegend.

Das Schwierige daran, eine Frau zu finden, die die Mutter der beiden kleinen Zwillingsseelen sein möchte, ist, dass sie nicht weiß, dass sie sie dafür brauchen. Wie du bestimmt weißt, werden die meisten Kinder nacheinander geboren. Wenn Zwillinge geboren werden, müssen sie gleichzeitig in den Bauch der Mutter kommen, und das ist ziemlich schwierig.

Immer wenn die kleinen Zwillingsseelen eine reizende, junge Frau sehen, die gesund und fleißig zu sein scheint, also jemanden, den sie gerne zur Mutter hätten und die einen Mann hat, der sie ernähren kann und ein guter Vater wäre, machen sie für ein paar Tage halt. Sie beobachten die Familie bei ihren alltäglichen Verrichtungen, um sicher zu gehen, dass sie sich richtig entscheiden. Da haben die kleinen Eselhasen auch die Zeit, zu fressen und sich von der ganzen Rennerei mit den beiden Zwillingsseelen auf dem Buckel zu erholen.

Sobald die beiden Zwilligsseelen genau die richtige Mutter für sich gefunden haben, stellen sie sich ganz nah aneinander, eine hinter die andere.

Genau im richtigen Moment springen sie in ihren Körper. Wenn die beiden hineinkommen, werden sie als Zwillinge geboren, genauso wie sie es geplant hatten. Aber manchmal gelangt nur eine Zwillingsseele in den Körper der Mutter, dann muss die andere kleine Seele alleine nach einer neuen Mutter suchen.

Aber weil sich die Zwillingsseelen so sehr lieben und immer zusammen sein wollen, verbringen sie nach ihrer Geburt die meiste Zeit damit, einander zu suchen. Ihre Suche kann etwas dauern, weil ihre Mütter unter Umständen in verschiedenen Städten wohnen, aber wenn sie sich dann schließlich finden, schwören sie sich, niemals auseinander zu gehen. So werden sie Blutsbrüder und das ist eine ganz besondere Verbindung.

Papierperlenkette

Benötigtes Material

Zeitungsstreifen in der Größe 1 cm x 5 cm; Tapetenkleister; Styropor- oder Pappschüssel; dünner Draht, gefettet oder geölt; Temperafarben; Garn oder Angelschnur; Glasperlen (wahlweise).

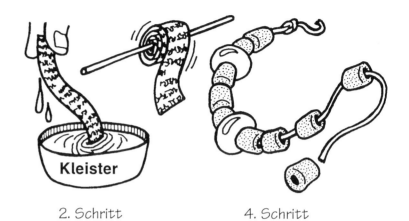

2. Schritt   4. Schritt

So wird's gemacht!

1. Den Tapetenkleister nach den Angaben auf der Packung anrühren.
2. Die Papierstreifen werden nacheinander in den Kleister getaucht. Jedes Papierstück wird einzeln um den Draht gewickelt, um daraus eine Perle herzustellen. Dann müssen die Perlen trocknen.
3. Danach malt man die Papierperlen an. Nachdem auch die Farbe getrocknet ist, können die Perlen vom Draht genommen werden.
4. Allein oder mit Glasperlen zusammen werden die Papierperlen zum Schluss auf Garn oder Angelschnur aufgefädelt.

Weitere Informationen

• Damit die Papierperlen glänzen, kann man sie mit Klarlack besprühen. Die Perlen müssen trocknen, bevor sie vom Draht genommen werden. Wenn man farbenfrohe Tapetenstreifen oder Comicstrips verwendet, müssen die Perlen nicht extra angemalt werden. Zwischen die Papierperlen könnte man auch buntes Seidenpapier, das zu kleinen Bällchen gerollt wurde, oder trockene Nudeln aufreihen.

• Wie auch andere Menschen auf dem ganzen Erdball lieben es viele Indianer, Schmuck zu tragen. Der Schmuck der Indianer wird überall für seine Schönheit und hohe Qualität gerühmt. Vor allem die Navajo und Zuñi im Nordwesten Amerikas sind für ihren wundervollen Schmuck bekannt, den sie aus Silber mit eingearbeiteten Steinen wie Türkisen oder Korallenstücken herstellen. Sie machen Ketten, Armbänder, Ringe, Ohrringe und Gürtelschnallen. Eines der berühmtesten dekorativen Elemente ist die ‚Kürbisblüte'.

Warum wir Dank sagen

Die meisten Indianerstämme haben spezielle Rituale, mit denen sie dem Großen Geist, dem Obersten Wesen, Wakan Tanka Dank sagen oder wen sie auch immer dafür zuständig halten, dass das Getreide gut wächst, dass es ausreichend regnet und die Tiere sich als Nahrung für die Menschen opfern.
Für die Indianer ist das, was sie zum Leben brauchen, nie selbstverständlich. Sie glauben, dass es immer notwendig ist, für die Nahrung Dank zu sagen und einen Teil den Geistern zu opfern. Diese Geschichte der Potawotomi erzählt, warum eine Gruppe von Indianern Dank sagt.

Die Alten sagen, dass vom Beginn unserer Zeit zwei Geister die Welt beherrscht haben. Der eine Geist war gut. Der Gute Geist erschuf die Welt und alle Tiere. Er stattete die Erde mit viel Nahrung für die Menschen aus: mit Wild, Fischen und Pflanzen. Er gab Wasser zum Trinken, Licht, damit die Pflanzen wachsen, und Feuer, um die Nahrung zuzubereiten.
Der andere Geist ist böse. Der Böse Geist tut nur böse Dinge und er ließ die Menschen dem Guten Geist nicht für alles Gute danken, was er ihnen gegeben hat. Stattdessen brachte er ihnen bei, wie man kämpft und Krieg führt.

Der Gute Geist war gar nicht begeistert darüber, was der Böse Geist mit den Menschen gemacht hatte, deshalb nahm er die Erde und ließ sie in einen großen See fallen. Alle Menschen bis auf zwei ertranken. Junger Häuptling und seine Schwester Weiße Erde wurden gerettet. Junger Häuptling dankte dem Guten Geist, dass er sie gerettet hatte.
Eines Nachts träumte Junger Häuptling, dass fünf Besucher zu dem Wigwam kämen, den er und seine Schwester bewohnten. Er träumte auch, dass der Gute Geist ihm zuflüsterte: „Wenn diese Fremden erscheinen, soll deine Schwester nicht mit ihnen sprechen. Sie soll ihnen nicht antworten, egal was sie ihr anbieten. Erst dem fünften soll sie antworten."
Die Besucher kamen nach vier Nächten. Der erste war groß und dünn und hatte eine grüne Decke umgehängt.

© *Verlag an der Ruhr*, Postfach 102251, 45422 Mülheim an der Ruhr

29

Als er Weiße Erde ansprach, antwortete sie nicht. Minuten später verwandelte sich die Decke in Laub und der Besucher fiel zu Boden.
Der zweite Besucher war klein und dick. Als Weiße Erde ihm nicht antwortete, verwandelte er sich in einen Kürbis und rollte den Hügel hinunter.
Der dritte und der vierte Besucher kamen gemeinsam. Sie waren eine Melone und eine Bohne. Als Weiße Erde nicht mit ihnen sprach, fielen sie ebenfalls zu Boden.
Der fünfte Besucher war groß und gutaussehend und hatte Federn im Haar. Weiße Erde verliebte sich auf der Stelle in ihn. Seine Name war Mondahmin. Bald waren die beiden verheiratet und gaben ein großes Hochzeitsfest.
Kurz nach der Hochzeit kam ein heftiger Wind und Regen auf. Die Pflanzensamen bedeckten die Erde mit allen erdenklichen Pflanzen: Tabak, Kürbisse, Melonen, Bohnen und Mais.

Das alles waren Geschenke für das frischvermählte Paar. Sie sagten, dass sie so lange jedes Jahr mit dem Regen und der Sonne wiederkämen, wie die Menschen Dank sagten.
Mondahmin und Weiße Erde sagten dem Guten Geist Dank für all diese Geschenke und auch ihre Nachfahren sagten jedes Jahr aufs Neue Dank.
Sie taten alles, was der Gute Geist Mondahmin aufgetragen hatte, denn durch das Geschenk dieser Nahrungsmittel können die Menschen leben.

Tanz-Fußbänder

Benötigtes Material

Schere; weißes oder buntes Garn, in 20 cm lange Stücke geschnitten; zwei Schnürsenkel; vier runde Glöckchen in beliebiger Größe.

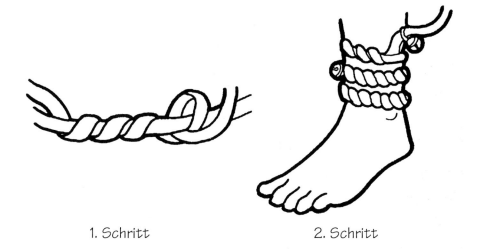

1. Schritt   2. Schritt

So wird's gemacht!

1. Man wickelt und verknotet die Garnstücke um jeden Schnürsenkel wie in der Abbildung unten dargestellt. Weitere Garnstücke werden hinzugefügt und zusammengeschoben, bis man genug hat, um das Fußgelenk zu umwickeln.
2. Der Schnürsenkel wird hinten am Fuß verknotet und das Garn so zurecht geschoben, dass man die Schnürsenkel nicht sieht.
3. Die Enden der Schnürsenkel werden zu Schleifen mit einem Glöckchen in jeder Schlaufe gebunden.

Zusätzliche Informationen

- Die Indianer bedanken sich immer für das, was die Natur ihnen gibt. Eine Art, Dank zu sagen, ist das Gebet, eine andere der Tanz. Die Indianer führen traditionelle Tänze bei ihren Powwows und anderen Zusammenkünften auf. Manche Tanzkleider der Frauen werden ‚Glöckchenkleider' genannt, weil sich die kegelförmigen Glöckchen an ihnen bewegen, wenn die Frauen tanzen. Fußbänder bewegen sich auch hin und her, hüpfen hoch und runter und unterstreichen so die Bewegungen des Tänzers.
- Fußbänder können aus ganz unterschiedlichen Materialien gemacht werden: Leder, Ziegenhaar, Gräsern oder Pflanzenfibern. Die Glöckchen an den Bändern klingen bei jeder Bewegung des Tänzers.

Tanz-Schärpe

Benötigtes Material

Stück Pappe; ein schmaler Gürtel
oder ein Stoffband;
Bastelpappe in verschiedenen Farben;
Schere;
Klebstoff oder Tacker.

So werden die Federn kreisförmig auf die Pappscheibe aufgeheftet oder -geklebt. Wenn man Klebstoff verwendet, sollte man ihn zwischendurch trocknen lassen.

4. Jetzt kann die Schärpe umgebunden werden.

1. Schritt   2. Schritt   3. Schritt

So wird's gemacht!

1. Aus der Pappe wird eine große Scheibe ausgeschnitten. Die Pappscheibe wird zweimal eingeschlitzt. Dabei muss man darauf achten, dass sich die beiden Schlitze auf gleicher Höhe in der Mitte der Scheibe befinden. Durch die Schlitze wird ein Gürtel oder Stoffband gezogen.
2. Aus Bastelpappe in unterschiedlichen Farben schneidet man große und kleine feder- oder blattförmige Stücke aus.
3. Die Papierfedern werden in drei Reihen angeordnet. Man beginnt mit den größten Federn am äußeren Rand der Scheibe und hört mit den kleinsten Federn in der Mitte auf.

Zusätzliche Informationen

- Auf allen Powwows wird in Maskierungen getanzt. Die Jungen und die Männer tragen ihre schönsten Kostüme und treten gegeneinander an, um zu sehen, wer von ihnen der beste Tänzer ist. Ein Kleidungsstück, das von allen Tänzern getragen wird, ist die kunstvolle Schärpe, die man um die Hüfte schnallt, sodass das Schmuckelement den Rücken ziert. Dieses Element ist aus Federn, die in einem Muster um eine kreisförmige Grundfläche angeordnet werden. Manchmal ist in der Mitte ein runder Spiegel angebracht. Jeder Tänzer trägt auch kleinere Schmuckbänder an seinen Oberarmen.

- Aus bunten Papierfedern kann man auch kleinere Schmuckbänder für die Oberarme herstellen oder ein Stirnband basteln. Vielleicht verziert man auch noch ein Paar Leggins, sodass sie zu der Schärpe und dem Stirnband passen.

Der Maisgeist

Mais, Bohnen und Kürbisse sind im Leben vieler Indianer so wichtig, dass sie die ‚Drei Schwestern' genannt werden. Die Menschen erzählen sich viele Geschichten über diese Pflanzen, vor allem über den Mais, da ein Großteil ihres Lebensunterhalts von dieser reichhaltigen Kornart abhängt. Man glaubte, dass die Pflanzen ihre eigenen Geister haben, die man respektieren muss. Die Geschichten dringen auf einen weisen Umgang mit den Nahrungsmitteln, die die Natur den Menschen schenkt, und berichten von schrecklichen Dingen, die passieren können, wenn die Menschen nicht mehr dankbar sind. Mitunter stellte man sich den Maisgeist als Frau vor, aber in dieser Geschichte, die aus den Nördlichen Waldländern stammt, ist der Maisgeist ein kleiner Mann.

Die Bewohner eines Dorfs waren mit gewaltigen Ernten von Mais und anderen Nutzpflanzen gesegnet, aber sie waren hochmütig und gingen gedankenlos mit den Dingen um, die sie hatten. Sie aßen mehr, als sie zum Leben brauchten, und ließen die Früchte achtlos auf den Boden fallen, wo sie verfaulten. Sie ließen ihre Kinder in den Gärten spielen und gaben ihnen die Pflanzen als Spielzeug. Anstatt sich auf den nahenden Winter vorzubereiten und die Ernte einzuholen, verfütterten sie den Mais an ihre Tiere.

Dann entschlossen sich die Menschen, jagen zu gehen. Sie vergruben das, was von ihren Pflanzen übrig geblieben war, weil sie dachten, dass sie bald jede Menge köstliches Fleisch haben würden. Sie gingen in die Wälder, wo normalerweise immer zahlreiche Hirsche und Elche zu finden waren. Aber diesmal konnten sie einfach keine entdecken. Sie jagten durch die dicht stehenden Bäume hin und her, aber nur ganz selten bekamen sie überhaupt ein Tier zu Gesicht. Nicht einmal die besten Jäger unter ihnen konnten sie mit ihren Pfeilen erwischen.

„Ich gehe nach Hause und hole einen Teil von dem Mais wieder heraus, den wir vergraben haben", sagten einige Dorfbewohner. Und sie gingen fort, um den Mais zu holen, denn sie hatten großen Hunger.

Als sie nach Hause kamen, sahen sie, dass die Mäuse den vergrabenen Mais gefunden und gegessen hatten. Die Menschen waren unglücklich und ihre Mägen knurrten vor Hunger.

„Warum ist das passiert?", fragten sie. Dann holten sie ihre Trommeln hervor und sangen die Erntelieder, um ihre gute Ernte und die vielen Tiere wieder zurückzubekommen.

Im Dorf lebte auch ein guter Mann, der nicht selbstsüchtig gehandelt hatte. Er war zutiefst bekümmert über die anderen Dorfbewohner. Eines Tages ging er über die Felder, betrachtete die ganze Verschwendung und wurde sehr traurig. Er konnte seine Leute trommeln und singen hören. Als er weiterging, kam er in die Wälder.

Mitten im Wald auf einer Lichtung stand ein kleiner Wigwam, aus dem ein Stöhnen und Schreien zu hören war. Während er sich noch fragte, ob jemand einen geliebten Menschen verloren hatte oder Hilfe benötigte, betrat er den Wigwam. Dort lag ein kleiner Mann auf einem Bett, zugedeckt mit zerschlissenen und zerlumpten Decken.

„Warum weinst du so fürchterlich?", wollte der gute Mann wissen.

„Beklagst du den Tod eines geliebten Menschen oder bist du krank?"
„Du hast ganz recht, wenn du meinst, dass ich trauern würde", antwortete die kleine Person, „aber ich trauere nicht um einen geliebten Menschen. Ich weine, weil ich von deinen Leuten so schlecht behandelt wurde. Die Kinder lachen mich aus, die Hunde graben in meinem Beet und drohen, mich zu fressen. Ich habe kein Wasser zum Trinken. Der Garten ist voller Unkraut, das mich bald ersticken wird. Ich bin in einem erbarmungswürdigen Zustand.

Geh zu deinen Leuten und sag ihnen, dass sie mit ihrem Egoismus und ihrer Verschwendungssucht dafür verantwortlich sind. Ich bin der Maisgeist."
Der gute Mann war ganz traurig über den Zustand, in dem er den kleinen Mann angetroffen hatte, und er ging zurück zu seinen Leuten ins Dorf.
„Ich habe mit dem Maisgeist gesprochen", teilte er ihnen mit. „Er ist sehr unglücklich darüber, wie er von euch behandelt wurde. Ihr wart egoistisch und verschwenderisch, deshalb geht es ihm schlecht."
Die Menschen hörten sich an, was der gute Mann zu sagen hatte, und sie sahen ein, dass sie sich wirklich schlecht benommen hatten. Sie versprachen, dass sie nie wieder vergessen wollten, dankbar zu sein. Mit ein paar Maiskörnern, die ihnen geblieben waren, pflanzten sie neuen Mais. Sie sangen ihre Pflanzlieder und kümmerten sich um ihre Gärten. Von diesem Tag an waren sie nie mehr verschwenderisch.

Maisblatt-Puppe

Benötigtes Material

Sieben Hüllblätter eines Maiskolbens;
Kordel oder Garn;
Schere;
Papiertücher;
Eimer mit Wasser.

So wird's gemacht!

1. Die Hüllblätter werden so lange in den Wassereimer gelegt, bis sie ganz weich sind. Dann gießt man das Wasser ab, hält die Hüllblätter aber feucht.
2. Aus der Kordel schneidet man sechs Stücke à 10 cm zurecht.
3. Ein Hüllblatt wird zu einem festen Ball gerollt, um daraus den Kopf zu machen. Weitere fünf Hüllblätter werden aufeinander gelegt und der Ball dann in die Mitte der übereinander geschichteten Hüllblätter geschoben.
4. Die fünf Hüllblätter werden über dem Ball gefaltet und dann darunter für den Hals mit einem Stück Kordel zusammengebunden.
5. Für die Arme wird das letzte Hüllblatt der Länge nach zusammengerollt und mit einem Stück Kordel jeweils an den Enden zusammengeknotet.
6. Die Arme zieht man direkt unter dem Hals durch die Mitte der gefalteten Hüllblätter.
7. Dann werden die Hüllblätter als Taille unter den Armen noch

Zusätzliche Informationen

- Mais ist eines der wichtigsten Nahrungsmittel der Indianer im Südwesten Amerikas und dem Waldland im Osten. Er wird in ganz unterschiedlicher Form gegessen: in Suppen und Eintöpfen zusammen mit Fleisch und anderen Gemüsesorten oder Körnern; zu Maismehl gemahlen, das man zum Brotbacken verwendet; für Tortillas und Tamales. Der Mais, wie wir ihn heute kennen, wurde vor fünftausend Jahren zuerst von den Indianern angebaut.
- An Stelle der Hüllblätter kann man für diese Übung auch Kreppapier verwenden oder die Maisfäden der Kolben, um Haare zu basteln.

Die Geschichte vom Tipi des Bären

Im Nordosten von Wyoming, in der Nähe der Black Hills, befindet sich ein riesiger Fels. Er ragt fast gerade in den Himmel und rundherum an den Seitenwänden sind tiefe Furchen von der Spitze bis unten zum Boden. Die Prärie-Indianer erzählen sich viele Geschichten über diesen Fels, weil er für sie ein magischer Ort ist. Dies ist eine der Geschichten.

Vor sehr langer Zeit spielten zwei Mädchen zusammen in der Nähe des Antilopenbachs. Eines von ihnen steckte einen Stock in ein gewaltiges Loch, in der Hoffnung, einen Biber zu entdecken.
Aber aus dem Loch kam ein seltsames Geräusch. Und als das Mädchen den Stock wieder herauszog, waren Haare daran.
„Was da wohl in dem Loch ist?", sagte das Mädchen zu seiner Freundin. „Meinst du, es könnte ein Stachelschwein sein?"
„Nein", antwortete die andere. „Ein Stachelschwein hat nicht solche Haare. Das sieht eher nach einem Wolf oder einem Kojoten aus."
„Dann lass uns lieber hier weggehen", sagte das erste Mädchen. „Ich möchte nicht, dass ein Wolf böse auf mich ist!"
Genau in diesem Moment hörte man ein lautes Brüllen, das aus dem Loch kam, und ein riesiger Bär tauchte vor ihnen auf.

37

Schreiend rannten die Mädchen um ihr Leben. Sie schlugen Haken und liefen kreuz und quer, um den Bär zu verwirren, da sie wussten, dass er eigentlich schneller laufen konnte als sie. Sie rannten, bis sie zu einem großen Hügel kamen. In ihrer Angst schafften es die beiden Mädchen gerade noch, bis auf die Spitze zu klettern. Der Bär, der wirklich sehr böse auf sie war, wollte hinter ihnen her. Immer und immer wieder probierte er, den Hügel hinaufzuklettern, aber seine Größe bewirkte, dass er immer wieder hinunter rutschte. Die Mädchen standen oben auf der Spitze und zitterten vor Angst. Der Bär umkreiste den Hügel und versuchte ein ums andere Mal sein Glück, aber er blieb erfolglos. Am Ende wurde der Bär müde und gab den Gedanken auf, die beiden Mädchen zu erwischen. Langsam trottete er davon.
Als die Mädchen ganz sicher waren, dass der Bär woanders jagen gegangen war, rutschten sie den Hügel wieder hinunter.

Unten angekommen, rannten sie so schnell wie möglich nach Hause. Bis heute sieht man die Spuren an der Seite des Hügels, wo der Bär vergeblich versucht hat, die Mädchen zu erwischen, die ihn mit einem Stock geärgert haben.

Tipi

Benötigtes Material
Schüssel oder Teller; Bleistift;
Bastelpappe; Buntstifte, Farbe oder Filzstifte;
Schere; Tesafilm oder Klebstoff.

So wird's gemacht!
1. Schüssel oder Teller legt man umgedreht auf ein Stück Pappe und zieht einen Kreis darum. Der Kreis wird ausgeschnitten und dann in zwei Hälften geteilt.
2. Nun kann man einen Halbkreis mit Indianermotiven und -mustern bemalen.
3. Dann wird der Halbkreis zu einem Kegel gerollt und mit Tesafilm oder Klebstoff fixiert, damit er so stehen bleibt.
4. Zum Schluss schneidet man einen kleinen Schlitz in die Öffnung des Kegels gegenüber der geklebten Nahtstelle. Die Ecken werden umgeknickt, um Türklappen zu erhalten.

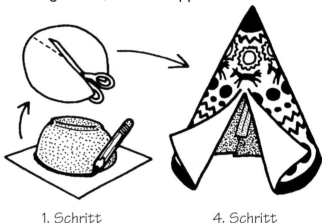

1. Schritt   4. Schritt

Zusätzliche Informationen
• Die Öffnung eines Tipis zeigt immer nach Osten, in die Himmelsrichtung, in der die Sonne aufgeht. Ein Tipidorf weist auch nach Osten. Die Tipis aus Büffelhaut von den Stämmen der Prärie wurden wunderschön und mit viel Liebe gemacht. Sie waren oft luxuriös, mit Betten und Sitzgelegenheiten aus weichem Büffelleder und ausgekleideten Wänden, die mit Ornamenten verziert waren. Die Tipi-Auskleidung wurde oft unter die Betten gesteckt, um den Schlafenden vor der Zugluft zu schützen. Die Indianerfrauen konnten ein Tipi mit der gesamten Einrichtung in fünfzehn oder zwanzig Minuten aufstellen oder abbauen. Das war wichtig, da die Indianer oft weiterziehen mussten, um ihren wildlebenden Tieren wie z.B. den Bisonherden zu folgen. Wenn man weiterzog, lud man alles, auch das Tipi, auf einen Trageschlitten, Travois genannt, der leicht von einem Pferd gezogen werden konnte.

Geschichten von Sonne, Mond und Sternen

Die Indianer leben in Harmonie mit der Natur. Deshalb glauben sie, dass alles in der Natur ein Teil von ihnen ist. Viele glauben, dass die Sonne, der Mond und die Sterne früher einmal auf der Erde waren und persönliche Beziehungen zu den Menschen hatten. Vor den Kräften der Natur wie Blitz und Wind hatte man großen Respekt, weil die Menschen diesen Naturgewalten mitunter auf Gedeih und Verderb ausgeliefert waren.

Viele wunderbare Geschichten beschreiben, wie Sterne junge Frauen heirateten, oder sie erzählen die Liebesgeschichten zwischen Sonne und Mond und dem Mann, der Mond heiratete. Die folgenden Geschichten sind ein paar Kostproben.

Die fünf Schwestern

Es gibt viele Indianergeschichten darüber, wie das Sternbild der Plejaden entstanden ist. Einige dieser Geschichten erzählen von sechs Sternen, andere von sieben, die früher einmal Menschen waren und auf der Erde in einem besonderen Verhältnis zueinander standen, bevor sie Sterne am Himmel wurden.
Eine Geschichte der Cherokee berichtet, dass die Sterne Jungen waren, die nicht auf ihre Mutter hörten und in den Himmel aufstiegen, während sie tanzten. Die folgende Geschichte stammt von den Indianern aus Kalifornien. Sie erzählt von fünf Mädchen, die sich in denselben Mann verliebten. Als sie ihn nicht mehr liebten, jagte er über den Himmel hinter ihnen her.

Bevor die Welt so war, wie sie jetzt ist, gab es fünf Schwestern, die zusammen im Himmel lebten. Sie liebten einander sehr, wie Schwestern das immer tun, und sie spielten jede Nacht fröhlich miteinander in ihrem Zuhause im Himmel.
Alle liebten denselben Mann, der auf der Erde lebte und einen schrecklichen Namen hatte – Floh. Wie es früher häufig vorkam, heirateten die Schwestern alle diesen Mann, damit sie sich ihre Arbeit im Wigwam teilen konnten und nebenher noch Zeit zum Spielen hatten.
Eines Tages kam Floh mit einem schrecklichen Ausschlag an. Die Schwestern waren nicht gerne bei ihm, weil er sich ständig aufs Widerwärtigste kratzte.
„Lasst uns weglaufen", sagte die eine zu den anderen.
„Aber wohin sollen wir gehen?"

„Lasst uns nach Osten gehen, wo die Sonne aufgeht", sagte eine der Schwestern und alle stimmten zu, dass Osten die beste Richtung war, die man einschlagen konnte.
Sobald Floh in dieser Nacht eingeschlafen war, erhoben sich die fünf Schwestern aus ihren Betten und schlichen sich aus dem Wigwam. Sie waren schon ziemlich weit weg, als Floh endlich erwachte.
„Frauen, holt mir einen Teller Suppe", rief er vom Bett aus. Aber niemand antwortete ihm.
„Frauen, holt mir einen Teller Suppe", rief er wieder. Aber es kam immer noch keine Antwort.
Floh setzte sich im Bett auf und sah sich im Wigwam um. Seine Frauen samt all ihrer Habseligkeiten waren fort. „Wo sind meine Frauen?", fragte er.
Er ging hinaus vor den Wigwam und sah sich um. Er konnte keine Spur von ihnen entdecken.
„Ich werde nach Osten gehen, in die Richtung, wo die Sonne aufgeht", sagte er und machte sich auf den Weg.

Nach einer Weile erspähte er die fünf Schwestern, die nach Osten, in Richtung der aufgehenden Sonne liefen. „Ich werde sie einholen. Sie können mir nicht entwischen!", rief er und ging einen Schritt schneller. Eine der Schwestern drehte sich um und sah Floh, der ihnen auf den Fersen war. „Er verfolgt uns!", rief sie alarmiert. „Wir müssen rennen!"
Sie begannen zu rennen, immer weiter nach Osten in Richtung aufgehende Sonne. Hin und wieder wandte sich eine der Schwestern um. Und jedesmal hatte Floh ein Stück aufgeholt, sodass sie immer schneller und schneller gehen mussten.
„Kommt er näher?", fragte eine der Schwestern.
„Ja, er kommt näher", lautete jedes Mal die Antwort.
„Lasst uns hoch in den Himmel gehen" sagte eine andere. „Dann kann Floh uns nicht folgen."
Sie gingen hoch in den Himmel, aber Floh folgte ihnen auch dorthin.

Noch heute kannst du die fünf Schwestern als Sterne am Himmel sehen. Die Schwestern sind nah beieinander geblieben und Floh ist ihnen noch immer auf den Fersen. Aber wie du siehst, hat er sie nie erwischen können.

Apfelpuppe

Benötigtes Material

Großer Apfel; Kartoffelschäler; Küchenmesser; Schüssel mit Salzwasser oder Zitronensaft, tief genug, um einen Apfel darin einzutauchen; Papiertücher; Bastelmesser; Bleistift oder gerader, spitzer Stock; Flasche mit langem Hals; Klebstoff; Garn; bunte Stoff- oder Papierreste.

So wird's gemacht!

1. Der Apfel wird vorsichtig geschält und das Kerngehäuse entfernt. Mit dem Messer ritzt man ein Gesicht in eine Seite des Apfels (Nase, Augen und Mund).
2. Dann muss der Apfel für ca. eine halbe Stunde in Salzwasser oder Zitronensaft gelegt werden.
3. Danach trocknet man den Apfel mit einem Papiertuch ab und spießt ihn auf einen Bleistift oder geraden Stock auf. Das andere Ende des Bleistifts steckt man in eine Flasche.
4. Der Apfel muss drei oder vier Wochen lang trocknen.
5. Danach kann man den Kopf mit Garn als Haaren bekleben und aus bunten Stoffresten oder Papierstücken Kleider für die Puppe herstellen.

3. Schritt   5. Schritt

Zusätzliche Informationen

- Die Crow haben ein Sprichwort über Menschen, die sehr alt sind. Sie sagen, dass er oder sie so alt ist, dass ihre Haut knistert und zu reißen droht, wenn die Person sich bewegt. Das Gesicht dieser Apfelpuppe wird wie das Gesicht eines alten Menschen aussehen, dessen Haut knistert und zu reißen droht, wenn er oder sie sich bewegt.

Warum die Hände des Maulwurfs ganz verbogen sind

Viele Indianer glauben, dass Sonne, Mond, Sterne, Pflanzen und Tiere einen Geist haben wie wir. Sie sehen sie so, als hätten sie sich irgendwann einmal genauso verhalten wie ein Mensch sich verhalten würde. In den meisten Geschichten ist die Sonne männlich, aber in dieser Geschichte aus Kalifornien wird von einer weiblichen Sonne berichtet.

Eines Tages, vor langer, langer Zeit, dachte sich die Sonne, dass es bestimmt Spaß machen würde, sich über den Boden rollen zu lassen, anstatt wie jeden Tag am Himmel ihre Bahn zu ziehen. Und so ließ sie sich, direkt nach Sonnenaufgang vom Himmel hinunter auf die Erde fallen.
Zum Glück sah der Maulwurf, was die Sonne vorhatte. Und weil er wusste, dass die Sonne manchmal nicht gerade sehr vernünftig war, rannte er ihr schnell entgegen und fing sie in der Luft auf. Er hielt sie mit seinen kleinen Händen so hoch er konnte und begann, um Hilfe zu rufen.
Die Menschen liefen an die Stelle, wo der Maulwurf stand. Seine Hände waren von der Anstrengung, die Sonne zu halten, weit nach hinten gebogen. Zusammen halfen sie dem Maulwurf, die Sonne zurück in den Himmel zu schieben.

Wenn sie das nicht getan hätten, würde sich die Sonne immer noch über den Boden rollen lassen, und wir würden sie nie mehr wie jetzt Tag für Tag am Himmel ihre Bahn ziehen sehen.
Aber ach, der arme Maulwurf. Die Sonne war so schwer, dass von diesem Tag an seine Hände ganz verbogen waren.

Handspiel

Benötigtes Material
6 Holzstäbchen oder unbenutzte Spatel;
Farbe und Pinsel oder Filzstift (eine Farbe);
12 Bleistifte oder Holzstückchen.

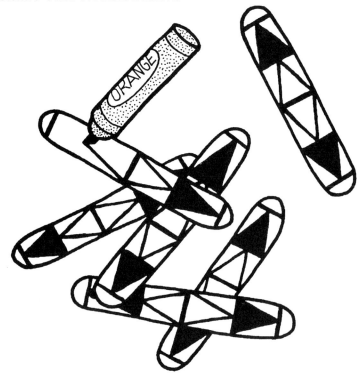

So wird's gemacht!
1. Mit einem Pinsel oder einem Filzstift wird auf jeweils eine Seite der Holzstäbchen oder Spatel dasselbe Muster gemalt. Das sind die Würfel.

2. Beim Spielen kann man das folgende Lied singen.

Lied zum Spiel
Tee way yo ho lay;
Tee way yo ho lay;
Hoki hoki la
Hoki hoki la
Tee way yo ho lay.

3. Folgendermaßen wird gespielt: Zwei Spieler werfen abwechselnd die Würfel. Man zählt die Punkte, wenn die in der Tabelle unten dargestellten Kombinationsmöglichkeiten vorliegen. Alle anderen Kombinationen ergeben keine Punkte. Zur Verteilung der Punkte verwendet man Bleistifte oder Holzstückchen. Der Spieler, der als erster 12 Punkte erreicht hat, hat gewonnen.

Kombinationsmöglichkeiten

Leere Seite oben	Verzierte Seite oben	Punkte
6	0	2
0	6	3
3	3	1

Zusätzliche Informationen
- Alle Indianerstämme spielen Spiele. Dieses Handspiel, das mit bemalten oder brandverzierten Holzstöcken gespielt wird, ist eines der beliebtesten Spiele der Pomo-Indianer aus Kalifornien. Andere Stämme stellen Würfel aus Walnussschalen, Steinen und allen erdenklichen Materialien her. Die Spieler singen ein Lied wie das oben vorgestellte, während sie das Spiel spielen.

Über Fetisch-Ketten

Die Menschen, die die Geschichte vom Maulwurf und der Sonne erzählt haben, müssen der Ansicht sein, dass dieses kleine Nagetier über enorme Kräfte verfügt. Ein Maulwurf ist wirklich ziemlich klein, ungefähr so groß wie ein Eichhörnchen. Tatsächlich glauben viele Indianer, dass ein kleines Tier genauso viel Kraft haben kann wie ein großes.

In der Vergangenheit haben sich die Indianer Nordamerikas oft an bestimmte Geister um Hilfe gewandt. Dieser Geist kann von einem Tier stammen, wie dem Maulwurf, oder aber von Naturgewalten wie dem Donner. Die Sonne wird als der Vater von allem gesehen, abgesehen von einigen Stämmen, für die die Sonne eine Frau ist. Der Mensch, der als erster die Geschichte über den Maulwurf erzählte, hat sich vielleicht an den Geist des Maulwurfs um Hilfe gewandt. Wenn das der Fall war, hat die Person vermutlich einen Maulwurf auf Felsen, Schilder, den Wigwam oder seinen bzw. ihren Körper gemalt oder geschnitzt. Diese Person hat sich vielleicht auch einen Maulwurf als Fetisch geschnitzt.

Fetische sind Objekte, von denen viele Indianer glauben, dass sie besondere oder magische Kraft haben. Die meisten Fetische haben Tierform. Menschen, die Fetische tragen, glauben, dass die Fetische sie vor dem Bösen beschützen.

Nach der Anleitung auf Seite 48 kann man eine Fetisch-Kette herstellen.

Fetisch-Kette

Benötigtes Material

Kleines Stück Seife; ein Bastelmesser, ein Löffel oder ein Kartoffelschäler; Wasser; Zahnstocher; Lederband, Stoffband oder Kordel.

So wird's gemacht!

1. Mit dem Bastelmesser, dem Löffel oder dem Kartoffelschäler wird aus dem Seifenstück ein Tier geschnitzt.
2. Die Oberfläche des Tieres sollte mit feuchten Händen glatt gestrichen werden.
3. Wenn man möchte, kann man Perlen, Federn oder andere Dekoration um das Tier wickeln.
4. Mit einem Zahnstocher kann man ein Loch durch das Tier bohren, um es auf ein Leder- oder Stoffband oder ein Stück Kordel aufzufädeln. Dann kann man sich die Fetisch-Kette um den Hals binden.

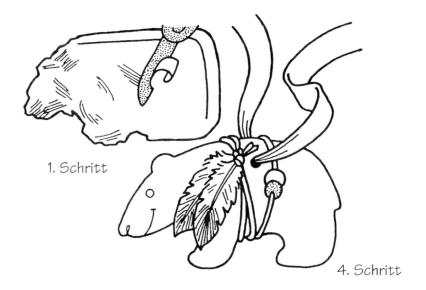

1. Schritt

4. Schritt

Zusätzliche Informationen

- Ein Fetisch ist ein Objekt, von dem man glaubt, dass es besondere oder magische Kräfte hat. Die meisten Fetische haben die Form eines Tiers. Die Cheyenne aus der Prärie legen ein Stück von der Nabelschnur eines Neugeborenen, die einige Tage nach der Geburt abfällt, in einen wunderschönen, mit Perlen bestickten Fetisch-Lederbeutel, der die Form einer Eidechse, einer Schildkröte oder anderer Tiere hat. Dann wird der Fetisch-Beutel um den Hals des Babys gehängt. Man sagt, dass das Kind, das diesen Fetisch trägt, immer wieder nach Hause kommen wird, ganz egal wohin es gegangen ist. Einige Fetische werden auch aus Stein gemeißelt.

Wie die Sonne in den Himmel kam

Auch in dieser Geschichte, die die Miwok in Kalifornien erzählen, wird die Sonne als Mensch dargestellt. Tauben und Falken werden ebenfalls beschrieben, als hätten sie menschliche Eigenschaften, und eine der Figuren ist wieder Kojote. Jeder nennt Kojote ‚Großvater', unter Indianern eine gängige Form der Anrede für jemanden, der älter ist und großes Ansehen genießt. Und da Kojote in dieser Geschichte ‚Großvater' genannt wird, kann er doch eigentlich kein Gauner oder eine dumme Person sein wie in vielen anderen Geschichten, oder?

Früher einmal lebte die Sonne auf der Erde, wo sie in ihrer Umgebung Licht und Wärme spendete. Aber eines Tages schloss sie sich in ihr großes Steinhaus ein und weigerte sich herauszukommen. Niemand weiß warum. Häuptling Junger Falke war darüber sehr geknickt. Es gab keine Wärme mehr und es gab kein Licht mehr. Die Welt war ein kalter und dunkler Ort und es sah so aus, als würde es nie wieder anders werden. Der Häuptling Junger Falke ging von einem zum nächsten, um sich darüber zu beklagen, aber keiner schien in der Lage zu sein, etwas dagegen zu tun.

Schließlich kam der Häuptling Junger Falke zu Kojote. „Ich möchte die Sonne wiederhaben, Großvater", heulte er los.

„Ach wirklich?", fragte Kojote nach. „Warum denn?"

„Ich möchte wieder etwas sehen", erwiderte der Häuptling Junger Falke. „Ich möchte die Wärme der Sonne auf meinem Gesicht und meinem Rücken spüren. Warum ist die Sonne nicht mehr da, Großvater? Ich möchte die Sonne zurück!", und er heulte immer weiter.

Kojote konnte seinem Enkel nichts erwidern, und deswegen machte er sich auf den Weg zu der ältesten und der jüngsten Taube. Er hatte seinen Wanderstock und seine Perlentasche dabei und ging beschwingt, mit großen Schritten, den Weg entlang zum Haus der Tauben.

„Mein Enkel möchte, dass die Sonne wieder zurückkommt", erklärte Kojote den Tauben.

„Er weint die ganze Zeit, weil die Erde so kalt und dunkel ist. Könnt ihr nicht irgendetwas tun, damit die Sonne wieder zurückkommt?"
„Nun", setzte die ältere Taube an, „wir wissen, wo die Sonne wohnt. Sie lebt in einem großen Steinhaus weit weg im Osten und ich glaube, wir können sie fangen und zurückbringen."
Die beiden Tauben machten sich fertig und dann zogen sie zusammen mit Kojote los in Richtung Osten zu dem großen Steinhaus.

Als sie das Haus der Sonne in der Ferne erblickten, blieben sie einen Moment stehen.
„Lasst uns hier einen Moment warten", sagte die ältere Taube. „Vielleicht kommt sie heraus, wenn wir nur ein bisschen warten."
Sie warteten sehr lange. Als die Sonne nicht herauskam, entschieden die beiden Tauben, dass sie vielleicht aus dem Haus kommen würde, wenn sie mit einer Schleuder Steine darauf schießen würden. Wenn sie dann herauskäme, würden sie sie fangen.

Aber – du wirst es mir nicht glauben – dann fingen diese beiden sonst so friedlichen, kleinen Vögel doch tatsächlich an, sich zu streiten, wer mit der Steinschleuder schießen sollte.

„Lass mich schießen", sagte die ältere Taube.

„Wenn du es versuchst, schießt du bestimmt daneben!"

„Ich schieße daneben?", rief die jüngere Taube empört. „Du bist doch schon ganz alt und fast blind. Du bist diejenige, die vorbeischießt! Ich hingegen habe noch gute Augen und mein Arm ist kräftig. Ich sollte schießen."

„Nun gut, dann mach du", sagte die ältere Taube, „aber red nicht so viel!" Sie war nicht sehr glücklich darüber, dass die junge Taube so mit ihr gesprochen hatte, denn eigentlich sollen die Jungen den Alten gegenüber Respekt zeigen.

Die jüngere Taube nahm die Schleuder und legte einen Stein hinein. Dann schleuderte sie sie über ihren Kopf und stimmte dabei ein Lied an.

Plötzlich ließ sie den Stein fliegen und er schoss hinüber zum Haus der Sonne. Er schlug so hart auf, dass er die Mauer durchbrach.

Die Sonne hatte große Angst und kam sofort durch ihren Schornstein heraus, um nachzusehen, wie schlimm der Schaden war. Sie stellte fest, dass nur die Mauer an einer Seite des Hauses beschädigt war, und ging auf der Stelle wieder hinein.

„Siehst du!", rief die ältere Taube. „Ich habe dir doch gleich gesagt, dass du es nicht richtig machen wirst! Ich habe dir doch gleich gesagt, dass du besser mich schießen lassen sollst, aber nein, du wolltest es ja unbedingt auf deine Weise tun!"

„Habe ich nun das Haus getroffen oder nicht?", erwiderte die junge Taube. „Die meisten Leute hätten ihr Haus für immer verlassen, wenn jemand so ein Loch hineingeschlagen hat. Wenn die Sonne nicht so ein furchtbarer Dickschädel wäre, würde sie jetzt neben uns stehen!"

„Diesmal werde ich mit der Schleuder schießen!",
sagte die ältere Taube. „Ich bin die einzige, die das
richtig macht. Sieh ganz genau zu. Auf diese Art
kannst du noch etwas lernen! Großvater, geh aus
der Schusslinie. Ich möchte nicht, dass du verletzt
wirst, denn ich werde einen mächtigen Schuss
abfeuern!"
„Ich habe keine Angst", erwiderte Kojote.
Die ältere Taube nahm die Schleuder hoch und
fixierte das Haus. Dabei sang sie ein Lied, das ihr
Kraft geben sollte. Dann fing sie an, die Schleuder
über ihren Kopf kreisen zu lassen. Sie ließ sie
kreisen und kreisen und kreisen. Und plötzlich
löste sich der Stein und zischte durch die Luft direkt
auf das Haus der Sonne zu.
Diesmal traf der Stein das Haus in der Mitte.
Es erschreckte die Sonne so sehr, dass sie hell
erleuchtet direkt hoch in den Himmel fuhr und
immer höher, bis sie den Ort erreicht hatte, an dem
sie jetzt zu finden ist.

Dort steht sie, seit die ältere Taube mit dem Stein aus
der Schleuder mitten auf ihr Haus geschossen hat.
„Habe ich dir nicht gleich gesagt, dass ich es kann?",
sagte die ältere Taube zu der jüngeren, die nun
beschämt den Kopf hängen ließ.
Kojote aber hatte so einen Schreck bekommen,
als die Sonne plötzlich hoch in den Himmel schoss,
dass er einen Satz tat und flach auf den Rücken fiel,
wo er blinzelte und vor Erstaunen mit den Augen
rollte.
„Nun, nun, nun, nun", sagte er schließlich.
„Jetzt wird mein Enkel aber glücklich sein."

Tanzfächer aus Adlerfedern

Benötigtes Material

Bastelpappe in verschiedenen Farben; Schere; Klebstoff; Bunt- oder Filzstifte.

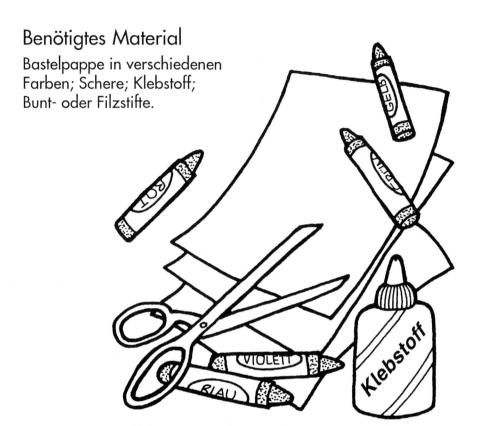

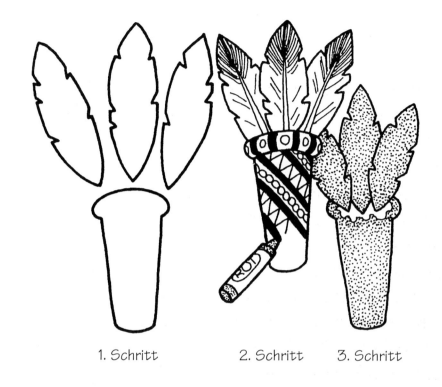

1. Schritt   2. Schritt   3. Schritt

So wird's gemacht!

1. Griff und Federn werden entsprechend der Skizze unten auf Bastelpappe aufgezeichnet. Sie sollten ungefähr die Größe einer Kinderhand haben.
2. Mit Bunt- oder Filzstiften kann man dann die Federn und den Griff anmalen.
3. Die Enden der umgedrehten Federn werden so auf die Rückseite des Griffs gelegt, dass sich die Federn auffächern. Dann werden die Federn aufgeklebt. Der Klebstoff muss gut trocknen.

Zusätzliche Informationen

- Fächer aus Adlerfedern sind oft ein Bestandteil der Kleidung, die von den indianischen Tänzern getragen werden. Ihre Fächer werden natürlich aus richtigen Federn gemacht. Aber heute sind die Adler gesetzlich geschützt und es gibt genaue Bestimmungen darüber, wann man überhaupt richtige Adlerfedern benutzen darf und wie viele.
- An Stelle der Papierfedern kann man auch Truthahnfedern oder die Federn anderer Vögel verwenden.

Der Ursprung des Nordsterns

Es gibt viele Indianergeschichten über Elfen. Elfen sind sehr kleine Menschen, in der Regel sind es kleine Indianer, die den Menschen meist dabei helfen, etwas Neues zu lernen oder ein Ziel zu erreichen. Manchmal, wie bei den Cherokee, sind sie kleine Gauner, die mit Vorliebe Dinge verstecken, die man braucht, oder die Menschen heimlich bei den alltäglichen Dingen des Lebens beobachten. Die meisten Elfen sind gut, wie die Elfe in der folgenden Geschichte. Sie hilft den Irokesen dabei, den Nordstern zu benutzen, um in der Nacht den Weg zu finden.

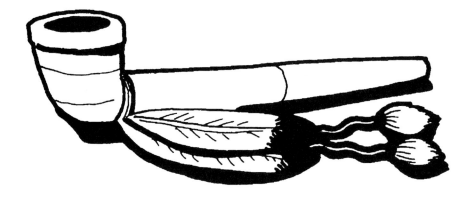

Vor langer Zeit war eine große Gruppe Indianer auf der Suche nach neuen Jagdgründen. Sie liefen viele Nächte hindurch, ohne etwas zu finden. Eines Tages erreichten sie das Ufer eines sehr großen Flusses, den sie nie zuvor gesehen hatten. Sie hatten nichts dabei, um Boote zu bauen, deshalb machten sie am Ufer halt, um zu entscheiden, was als Nächstes zu tun sei. Sie hatten sich verirrt und waren sehr hungrig, denn sie hatten immer noch kein Wild entdeckt.

Einer der Häuptlinge wurde krank und alle Häuptlinge und die Ältesten versammelten sich, wie sie es immer taten, wenn eine wichtige Entscheidung zu treffen war. Die Männer brachten Tabak und Pfeifen, die immer zu wichtigen und besonderen Anlässen geraucht wurden, mit. Wenn man diese Pfeifen gemeinsam rauchte, stellte man sicher, dass alles, was gesagt wurde, wahr war.

Die Trommelspieler holten ihre Trommeln heraus und die jungen Menschen begannen zu tanzen.

Als man die Pfeifen gerade angesteckt hatte, tauchte ein kleines Wesen auf, das niemand zuvor gesehen hatte. Dieses Wesen war so klein wie ein Kind, aber es sah aus wie eine Erwachsene. Sie trat vor die Häuptlinge und sagte: „Ich wurde geschickt, euch zu führen."

Die Menschen wussten sofort, dass das ein besonderes Wesen war, deshalb bauten sie die Zelte ab und folgten der Elfe. Sie sah anders aus als alles, was sie zuvor gesehen hatten. Sie war von einem Schein umgeben und sie trug eine Keule, die Frauen normalerweise nicht tragen.

Nachdem sie der Elfe eine gute Strecke gefolgt waren, teilte sie ihnen mit, dass sie sich hinlegen und ausruhen sollten, während sie das Essen für sie zubereiten würde. Sie taten, was man ihnen gesagt hatte, und als sie am Morgen aufwachten, hatte sie ein großartiges Festmahl vor ihnen ausgebreitet. Sie aßen dankbar, denn sie hatten schon seit Tagen nichts mehr zu sich genommen.

Noch während des Essens verabschiedete sich die kleine Elfe von ihnen und erklärte, dass sie am gleichen Abend wiederkommen würde. Tatsächlich kam sie am Abend zurück.

Sie brachte einen Wasserschlauch aus Leder mit. Daraus goss sie eine Flüssigkeit in ein Horn und gab es den Leuten zu trinken. Zunächst hatten sie ein bisschen Angst. Aber die Elfe hatte sie an diesem Morgen so lecker bewirtet und sie schien so eine nette Person zu sein, dass sie taten, was sie von ihnen verlangte. Sobald sie das Getränk probiert hatten, fühlten sie sich stark und gesund.

„Dieses Getränk hat euch geheilt, macht euch stark und gesund", sagte sie ihnen. „Jetzt seid ihr für die Reise gerüstet, die ich für heute Nacht geplant habe. Folgt mir."

Und so folgten sie ihr. Am nächsten Morgen kamen sie auf eine große Ebene.

„Ihr werdet an diesem Ort bleiben, bis es dunkel wird", sagte sie den Menschen. „Ich möchte, dass nur zwei Jäger mit mir kommen. Ich werde ihnen viel Wild zeigen."

Bereits nach sehr kurzer Zeit hatten die zwei Jäger eine sehr große Herde Wild gefunden.

„Tötet, so viel ihr für eure Leute braucht", sagte sie ihnen. „Ich muss jetzt gehen, aber ich werde zurückkommen, wenn es dunkel wird."

Am Abend kam sie zurück. „Mein Häuptling wird gleich kommen", sagte sie den Menschen. „Er wird euch zeigen, wie ihr sicher nach Hause kommt."

Bald darauf kam der Häuptling und eine große Gruppe anderer Häuptlinge, und der Häuptling der Menschen berief einen Rat ein.

Der Häuptling sagte: „Ich habe einen Stern im Himmel platziert, der euch den Weg nach Hause weisen wird.

Er wird für alle Ewigkeit dort bleiben. Achtet auf ihn und lasst euch von ihm leiten, dann werdet ihr euch nicht verirren. Folgt ihm bis zu eurem Zuhause. Dort wird viel Wild zum Jagen für euch sein."

Die Menschen bedankten sich bei den Elfen und gingen los. Von da an zogen sie jede Nacht dem Stern hinterher, bis sie ihr Zuhause erreicht hatten.

Als sie angekommen waren, erzählten sie ihrem Oberhäuptling von der Elfe, die ihnen mit diesem Stern den Weg nach Hause gezeigt hatte.

„Wir müssen diesem Stern einen Namen geben", sagte jemand und alle stimmten zu.

Nachdem sie lange beraten hatten, entschieden sie sich dafür, den Stern, der sie geführt hatte, den Stern-der-sich-nicht-bewegt zu nennen und so nennen die Irokesen den Nordstern noch heute.

Weben auf Pappe

Benötigtes Material

Rechteck aus Pappe
mit den Maßen 20 cm x 30 cm;
Schere; Wolle in verschiedenen
Farben; Tesafilm.

So wird's gemacht!

1. Zuerst schneidet man Kerben in die beiden Enden der Pappe. Wie unten dargestellt wird ein Wollfaden um die Pappe und durch die einzelnen Kerben gewickelt. Das sind die Kettfäden.
2. An einer eingekerbten Seite beginnend wird dann ein weiterer Wollfaden immer abwechselnd über und unter den Kettfäden durchgeführt. Das sind die Schussfäden. Man arbeitet sich bis zu der gegenüberliegenden Seite vor. Um ein Muster herzustellen, verwendet man unterschiedliche Farben.
3. Die Enden der Schussfäden werden abgeschnitten und mit den Kettfäden verknotet.
4. Jetzt kann man die Webarbeit aus dem Rahmen nehmen.

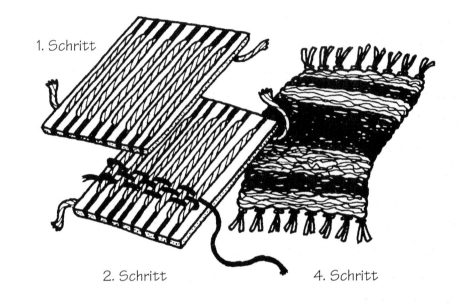

1. Schritt   2. Schritt   4. Schritt

Zusätzliche Informationen

• Einige der schönsten Decken auf der Welt wurden von den Indianern aus dem Südwesten Amerikas gewebt. Die traditionellen Weber weben nicht bloß, sie züchten auch die Schafe, von denen die Wolle stammt, und färben sie nach dem Scheren mit natürlichen Pflanzenfarben. Die Decken, die von den Navajos gefertigt wurden, haben inzwischen einen sehr hohen Wert wegen ihrer großen Qualität und Schönheit. Die Indianer aus dem Östlichen Waldland fertigen Baumwollstoffe an und die Indianer aus dem Nordwesten weben mit der Rinde von Zedern.

Tiermenschen

Alle Ureinwohner Nordamerikas glauben, dass die Erde ihre Mutter ist und dass alle Tiere, die vier Beine oder Flügel haben oder herumkrabbeln, einmal Menschen waren wie sie, mit Launen, Gefühlen und Gedanken. Sie beten die Tiere nicht an und es hat auch nichts mit einer religiösen Überzeugung zu tun. Vielmehr gehen sie einfach davon aus, dass alle Lebewesen von einem Schöpfer auf die Erde gesetzt wurden und dass die Welt somit für alle gleichermaßen da ist und geteilt werden muss. Manche Tiere sind auf der Erde, um die Menschen mit Nahrung zu versorgen, und es ist wichtig, dass die Menschen, die diese Tiere töten und essen, ihnen Wertschätzung und Respekt entgegenbringen. Einige Tiergeschichten sind Fabeln, in denen die Tiere wie Menschen gehen, essen und sprechen. Es gibt auch Geschichten, die von Tieren erzählen, die ihr Tiergewand ablegen, um zu zeigen, dass sie darunter Menschen sind.

Der kunterbunte Vogel

Der Stamm der Yaqui aus dem Südwesten Amerikas und Nordmexiko stieß vor fünf Jahrhunderten auf die Europäer, als die Spanier nach Nordamerika kamen. Aus diesem Grund sind viele ihrer Geschichten zum Teil europäisch. Diese Geschichte stammt aber vermutlich ausschließlich von den Yaqui, ohne europäische Einflüsse.

Vor vielen Wintern lebte ein sehr armer Vogel im südlichen Teil des Landes, wo die Sonne jeden Tag scheint. Der Vogel mit Namen Ku war eine bedauernswerte Kreatur. Er war so arm, dass er noch nicht einmal eine einzige Feder auf seinem Körper hatte. Er musste sich immer eine versteckte Höhle oder einen verlassenen Tierbau suchen, in dem er leben und sich vor Kälte schützen konnte. Eines Tages aber entschloss er sich, um Hilfe zu bitten. Er tat das nicht gern, denn er war trotz seiner Armut sehr stolz. Aber er wurde immer älter und Jahr für Jahr machte ihm die Kälte mehr zu schaffen. Er wusste, dass die Eule ein weiser und verständiger Vogel ist, und er hatte gehört, dass sie auch nett sein sollte. Deshalb entschloss sich Ku, die Eule um Hilfe zu bitten.
Ku fand die Eule hoch oben in einem Baum, als sie gerade mit ihren scharfen Augen die Umgebung nach einem Happen zu essen absuchte. „Wie geht es dir, Kleiner Freund?", fragte sie Ku.

„Leider nicht sehr gut", antwortete Ku.
„Warum denn nicht?", wollte die Eule wissen.
„Ich habe ein schreckliches Problem", erzählte Ku seinem Freund. „Als ich noch jünger war, hat es mich nicht so gestört, aber jetzt, wo ich langsam älter werde, wird es schwierig für mich."
„Was ist dein Problem?", fragte die Eule.
Ku sagte: „Ich bin so arm, dass ich keine einzige Feder habe, die mich vor Kälte schützen könnte."
„Das ist wirklich ein Problem", sagte die Eule, nachdem sie einen kurzen Moment darüber nachgedacht hatte. „Ich wünschte, ich hätte früher davon gewusst, denn Vögel brauchen Federn. Was kann ich für dich tun?"
„Ich weiß, dass du von allen Flügelwesen des Himmels sehr respektiert wirst, und ich frage mich, ob es nicht möglich wäre, dass du mir von deinen Freunden ein paar Federn besorgst."
„Hmm", dachte die Eule einen Moment laut nach.

„Morgen ist unser Stammestreffen. Vielleicht kann ich da etwas für dich tun. Kannst du bei Sonnenaufgang am Treffpunkt sein?"
„Oh ja!", stimmte Ku schnell zu. „Ich mache alles, was du sagst."
Am nächsten Morgen, als sich alle Flügelwesen bei Sonnenaufgang zu ihrem Treffen versammelten, war Ku auch dabei. Die Eule, die das Treffen leitete, rief schnell die Namen auf. Dann berichtete sie von Kus Problem.

„Unser kleiner Freund hier ist in Schwierigkeiten", brachte sie vor. „Wie ihr alle sehen könnt, hat er keine Federn. Er wird immer älter und verbringt den ganzen Winter in der Kälte ohne den geringsten Schutz. Können wir da nicht irgendwie helfen?"
„Ich würde ihm gerne eine meiner Federn geben", sagte die Schwalbe. „Wenn wir ihm vielleicht alle eine Feder geben, hat er genug, um sich zu schützen."
„Das ist eine sehr gute Idee", sagte der Zaunkönig. „Ich gebe ihm auch gerne eine meiner Federn, damit er nicht so frieren muss."
Und so ging es weiter mit allen Vögeln, die sich versammelt hatten. Jeder zupfte sich eine seiner schönsten Federn aus und gab sie Ku, der sie an seinen Körper anbrachte. Als Gegenleistung versprach Ku, genau ein Jahr später alle Federn zurückzugeben. In kürzester Zeit war er in den schönsten Farben gekleidet, die man jemals gesehen hatte.

Die Flügelwesen fühlten sich sehr gut, wie das auch bei Menschen immer ist, wenn sie jemandem helfen können. Ku flog an einen Ort, an dem er nie zuvor gewesen war, weil er sich immer geschämt hatte, ohne Kleider dorthin zu kommen. Aber niemand sah ihn jemals wieder. Viele, viele Winter vergingen und niemand wusste, ob er inzwischen gestorben war oder mit seinem wunderschönen Federkleid ein ganz neues Leben begonnen hatte. Die Vögel bekamen die Federn nicht zurück, die sie Ku gegeben hatten. Aber das war nicht schlimm, weil sie etwas Gutes getan hatten und darüber hinaus so viele Federn hatten, dass sie gut eine entbehren konnten.

Sandbild

Benötigtes Material

Farbiger Sand (im Bastelgeschäft erhältlich oder mit Lebensmittelfarben selbst gefärbter Sand); weißer Klebstoff; Pappquadrate (20 cm x 20 cm); Wachsmalstifte.

So wird's gemacht!

1. Auf ein Pappquadrat malt man entweder ein eigenes Motiv oder zeichnet eines der unten dargestellten Beispiele ab.
2. Das Bild wird in unterschiedlichen Farben ausgemalt.
3. Dann bestreicht man jeweils eine Farbfläche mit Klebstoff und lässt den farbigen Sand darauf rieseln.
4. Wenn der Klebstoff trocken ist, schüttelt man den übrigen Sand ab.
5. Die Schritte drei und vier werden für jede Farbe wiederholt.

Zusätzliche Informationen

• Sandbilder werden bei den Pueblo-Indianern im Südwesten Amerikas von Medizinmännern und Schamanen gemacht. Sie sind weniger Kunst als Teil einer religiösen Zeremonie. Manchmal werden Blütenpollen, Kohle, getrocknetes Korn oder Schalen zu Pulver gemahlen und dann als Farbsand benutzt. Wenn die Sonne untergeht, wird der Sand auf den Boden gestreut, um die bösen Mächte abzuhalten.

Die Kinder der Maus

Die Cheyenne glauben wie die meisten Indianer, dass jedes Lebewesen und jede Pflanze einen Geist und Gefühle hat wie die Menschen. Wissenschaftler haben in Untersuchungen mit dem Lügendetektor gezeigt, dass jede Pflanze Angst und andere Gefühle hat. Die Indianer wussten das schon immer und mussten es nicht mit Hilfe von Maschinen beweisen.
In dieser Geschichte helfen sich ein Mann und eine Mäusefamilie gegenseitig.

Eines Tages blieb ein junger Mann hinter seinen Leuten zurück, die zu einem anderen Lagerplatz weitergezogen waren. Als er sich gerade fertig machte, um seinen Leuten zu folgen, hörte er eine Frau schluchzen.

„Oh, ich bin so traurig", weinte sie. „Meine Kinder sind weg. Was soll ich bloß tun?"

Der junge Mann blickte sich um und fand schließlich ein kleines Tipi, aus dem das Schluchzen kamen. Er sah in das Tipi und entdeckte dort einen kleinen Mann und eine kleine Frau.

„Was ist passiert?", fragte er den Mann, weil die Frau so unglücklich war, dass sie noch nicht einmal gehört hatte, wie er hereingekommen war.

„Sie weint, weil das Dorf verschwunden ist und die Kinder mitgenommen hat. Sie weiß nicht, wie sie sie wiederfinden soll, und ist sehr unglücklich, wie es wohl jeder wäre, der seine Kinder verloren hat", klärte ihn der Mann auf. „Komm herein und iss mit uns. Ich werde dir die ganze Geschichte erzählen."

Der junge Mann betrat das kleine Tipi, in dem es sehr sauber und ordentlich war, mit kleinen Bettchen aus Büffelfell und einem Feuer in der Mitte. Ein kleiner Suppentopf hing über dem Feuer und die Frau hörte zu weinen auf, um mit der kleinen Schöpfkelle eine Schüssel Suppe für den jungen Mann aufzufüllen. Als er fertig gegessen hatte, bat er die Frau zu erzählen, warum sie weinte.

„Als deine Leute hier ihr Lager aufgeschlagen hatten", sagte sie, „legte ich meine Kinder in einen schönen Köcher, der von einem Bett herunterhing. Ich dachte, dass dass ein sicherer Platz für sie wäre und dass sie es dort wärmer hätten, als wenn sie auf dem Boden liegen. Aber als ich aufwachte, war das Lager verschwunden und mit ihm meine Kinder. Jetzt sind meine Kleinen fort und ich weiß nicht, wie ich sie wiederfinden soll. Wie du siehst, bin ich klein und nicht in der Lage, eine so große Strecke zurückzulegen wie deine Leute heute ziehen werden. Ich fürchte, ich werde meine Kleinen nie wiedersehen", und sie fing wieder zu weinen an. Der junge Mann war ein guter Mensch und die Frau tat ihm sehr leid. Er konnte sich vorstellen, wie schlecht er sich fühlen würde, wenn er Kinder hätte, die verloren gingen.

„Kann ich denn irgendetwas für dich tun?", fragte er sie.

„Ich hoffe es", antwortete die kleine Frau. „Könntest du nicht deine Leute finden und meine Kinder aus dem Köcher holen?"
Der junge Mann hatte ein wenig Bedenken, denn der Köcher, den sie beschrieben hatte, war der mit den heiligen Pfeilen des Stammes. Er war nicht sicher, dass er die Kinder für sie zurückholen konnte.
„Ich bin nicht sicher, ob ich dir helfen kann", sagte er, „denn dieser Köcher hat magische Kräfte und ich weiß nicht, ob der Hüter der Heiligen Pfeile mir erlauben wird, sie herauszuholen. Aber ich werde sehen, was sich machen lässt."
„Oh, ich danke dir so sehr", sagte die Frau und fing wieder an zu weinen, aber diesmal aus Hoffnung. „Vielen, vielen Dank!"
Der junge Mann zog hinter seinen Leuten her. Als er an die Stelle kam, wo seine Leute nun ihr Lager aufgeschlagen hatten, ging er direkt zu dem Tipi, das dem Hüter der Heiligen Pfeile gehörte.

„Warum bist du zu mir gekommen?", fragte der Hüter, nachdem er dem jungen Mann etwas zu essen angeboten hatte.
„Ich habe Geschenke für die Heiligen Pfeile mitgebracht", sagte der junge Mann zu dem Hüter.

Der Hüter, der ein großer Medizinmann war, segnete die Geschenke. Der junge Mann nahm sie mit nach draußen, wo die Heiligen Pfeile an einem Dreifuß bei dem Eingang des Tipi hingen.

Er legte seine Geschenke auf den Köcher; dann ließ er – ohne dass der Medizinmann ihn sah – schnell seine Hand in den Köcher gleiten und spürte ein kleines Nest mit vier winzigen Mäusebabys darin. Er verstaute das Nest vorsichtig in einer Falte seines Umhangs und nachdem er die Geschenke um und auf den Köcher gelegt hatte, ging er fort, um zu dem alten Lagerplatz zurückzukehren.

„Ich habe dir deine Kinder mitgebracht", sagte der junge Mann mit einem Lächeln und legte das Nest auf dem Boden des kleinen Tipi ab.

Die kleine Frau hörte augenblicklich auf zu weinen und nahm ihre Babys in den Arm. Sie griff nach der Hand des jungen Mannes und sagte zu ihm: „Wegen deines guten Herzens und der guten Tat, die du mit der Rettung unserer Kinder getan hast, wirst du eines Tages ein großer Häuptling werden. Dein Name wird Der-dem-Weg-der-Maus-folgt sein."

Plötzlich verwandelten sich der kleine Mann und seine Frau in fiepsende Mäuse, die über den Boden des Tipi liefen. Der junge Mann kehrte zu seinem Lager zurück und von diesem Tag an wusste er, dass die Mäuse seine Schutzgeister waren. Und eines Tages wurde er, genau wie die kleine Frau es vorausgesagt hatte, ein berühmter Häuptling mit dem Namen Der-dem-Weg-der-Maus-folgt, der viele Winter lang ein großer Anführer seiner Leute war.

Mais- und Kürbissuppe

Benötigtes Material

Zwei Dosen ganze Maiskörner; ein kleiner Winter-Kürbis;
eine Dose Hühnerbrühe; 2 Dosen Wasser;
etwas Salz zum Abschmecken; ein großer Kochtopf,
ein Schmortopf oder ein Suppentopf;
in Scheiben geschnittene Wurst (wahlweise).

So wird's gemacht!

1. Der Kürbis wird gewaschen, mit einem Löffel entkernt und geschält.
2. Dann schneidet man ihn in kleine Stücke.
3. Mais, die Kürbisstücke, die Hühnerbrühe, das Wasser und ein wenig Salz werden in einen großen Kochtopf, Schmortopf oder Suppentopf geschüttet und das Ganze zum Kochen gebracht. Man kann auch eine in Scheiben geschnittene Wurst hinzufügen. Wird ein Kochtopf oder Suppentopf verwendet, muss die Suppe mindestens zwei Stunden kochen. Wenn man in einem Schmortopf kocht, dauert es noch länger. Je länger die Suppe kocht, desto besser wird sie schmecken.
4. Zu der heißen Suppe schmecken Kräcker, Salat und Milch.

1. Schritt   3. Schritt

Zusätzliche Informationen

• Suppen sind ein Hauptnahrungsmittel der meisten Indianer. Ein Topf mit Suppe köchelte immer auf dem Feuer, damit jeder unerwartete Gast sofort verpflegt werden konnte. Das Essen wurde immer mit allen Menschen geteilt. Während der gemeinsamen Büffeljagd haben die Cheyenne und andere Indianerstämme der Prärie ihre Suppen in Büffelpansen, die teilweise mit Wasser gefüllt waren, zubereitet. Die Indianer aus dem Nordwesten kochten ihre Suppen in geschnitzten und verzierten Kästen aus Zedernholz. Die Indianer aus Kalifornien bereiteten ihre Suppen in sehr eng gewobenen Körben zu. Man nahm dazu heiße Steine aus dem Feuer und legte sie in das Wasser, um die Suppe zum Kochen zu bringen. Die Indianer aus dem Südwesten machten ihre Suppe in Keramiktöpfen, die über das Feuer gehängt wurden. Bald darauf fing die Suppe an zu kochen und erfüllte das Dorf mit einem köstlichen Duft. Die Zutaten für die Suppe können auch wildes Gemüse oder Beeren, Körner, Wurzeln, Fisch oder Fleisch enthalten.

Das Wettrennen der Schwänze

Die Fabel von der Schildkröte und dem Hasen ist allgemein bekannt. Weniger bekannt ist den meisten die Geschichte der Choctaw (Seite 73–75), in der die Sumpfschildkröte den Gauner Truthahn mit einer List besiegt. Die folgende Geschichte stammt von den Pueblo-Indianern. Sie berichtet von einem kleinen Kaninchen, das den Kojoten bei einem Wettrennen mit einer List schlägt, die vergleichbar mit der der Sumpfschildkröte ist.
In welcher Hinsicht sind die Geschichten ähnlich, worin unterscheiden sie sich?

Das Kaninchen saß vor seiner Haustür und sah Kojote an. „Woran denkst du, mein Freund?", fragte Kojote.
„Ich frage mich, warum manche Lebewesen wie du schöne, buschige Schwänze haben, während andere wie ich fast gar keinen Schwanz haben", sagte Kaninchen. „Mein Schwanz ist so winzig. Ich vermute, mit einem Schwanz wie deinem könnte ich genauso schnell laufen wie du."
„Nun, mein Freund", stimmte Kojote zu, „es stimmt, dass ich sehr schnell bin. Niemand hat mich jemals bei einem Wettrennen geschlagen. Es muss sehr deprimierend sein, nur hoppeln zu können wie du."
Das Kaninchen machte ein trauriges Gesicht und sah Kojote verschmitzt aus den Augenwinkeln an. Kojote, der immer schon übertrieben selbstbewusst war, fuhr fort: „Warum machen wir nicht ein Wettrennen? Wir laufen einmal um die Welt und der, der gewinnt, darf den Verlierer auffressen."

„Einverstanden", sagte Kaninchen. „Mit einem Schwanz wie meinem ist das Leben sowieso nicht lebenswert."

Die zwei beschlossen, vier Tage später gegeneinander anzutreten. Dann ging Kaninchen nach Hause und traf sich dort mit seinen Stammesmitgliedern.

„Du brauchst keine Angst zu haben!", sagten sie.

„Wir werden dir alle dabei helfen, das Wettrennen gegen Kojote zu gewinnen. Wir lassen dich nicht im Stich, denn du bist einer von uns!"

Vier Tage später kam Kojote mit einem breiten Grinsen im Gesicht an die Stelle, wo das Wettrennen beginnen sollte. Er konnte Kaninchen schon förmlich schmecken. Dann warf er seine Decke auf den Boden und sagte: „Hör mal, Freund Kaninchen, wir könnten viel Zeit sparen. Wir wissen doch beide, dass ich gewinne und du verlierst. Warum gibst du nicht sofort auf und lässt mich dich fressen?"

Aber auch das Kaninchen warf seine Decke auf den Boden. Es sagte: „Freund Kojote, dies ist nicht der rechte Zeitpunkt, um über Essen zu sprechen. Wenn das Rennen vorbei ist, werden wir genug Zeit dazu haben!"

Kojote war enttäuscht, denn er hatte gehofft, dass er die Mahlzeit bekommen würde, ohne sie sich verdient zu haben.

„Lass uns ein Wettrennen um die vier Seiten der Erde machen", fuhr Kaninchen fort, „aber ich werde unterirdisch laufen, weil das einfacher für mich ist."

Kojote willigte ein, denn er war sich sicher, dass er als erster ankommen würde, egal wie Kaninchen liefe. Sie standen nebeneinander an der Startlinie. Der Häuptling des Dorfs gab das Signal.

Kojote rannte auf seinen vier Beinen los und rief „Hai-koo!", während Kaninchen in sein Loch hüpfte und anfing, den Sand nach hinten wegzuschleudern, wie es nur jemand macht, der sehr schnell graben kann.

Die zwei rannten vier Tage lang in Richtung Osten. Kojote konnte Kaninchen nicht sehen, bis er im Osten ankam und sich nach Norden wandte. Plötzlich hüpfte vor ihm ein Kaninchen aus dem Boden und rief: „Ha, ha! Ich kann schneller laufen als du!" Dann hüpfte es wieder zurück in sein Loch und buddelte weiter.

„Oje!", sagte Kojote. „Ich wünschte, ich könnte auch so unterirdisch rennen! Vier Tage lang bin ich so schnell gelaufen wie noch nie zuvor und trotzdem ist Kaninchen vor mir angekommen."

Kojote lief in Richtung Norden, er rannte jetzt noch schneller als zuvor. Nach vier Tagen erreichte er das nördliche Ende der Welt. Als er sich gerade nach Westen wenden wollte, sprang direkt vor ihm ein Kaninchen auf.

„Ha, ha!", sagte das Kaninchen. „Ich kann schneller laufen als du!", und es hüpfte zurück in sein Loch und grub weiter.

Kojote wurde allmählich sehr mutlos, aber er wollte nicht aufgeben. Deshalb lief er noch schneller und stürmte in Richtung Westen, wo die Sonne untergeht. Vier Tage lang rannte er so schnell wie noch nie zuvor in seinem Leben. Er rannte inzwischen so schnell, dass er seine Füße nur noch verschwommen sah. Vier Tage lang ging das so.

Am Schluss kam er an das westliche Ende der Welt, aber direkt vor sich sah er ein Kaninchen, das aus seinem Loch hüpfte.

„Ha ha!", rief das Kaninchen. „Ich kann schneller laufen als du!", und es sprang wieder in sein Loch und buddelte weiter.

Kojote rannte vier Tage in Richtung Süden und wieder war es das Gleiche.

In der Zwischenzeit hing ihm seine Zunge aus dem Maul und er schnappte nach Luft. Als er den Ausgangspunkt erreichte, saß Kaninchen vor seiner Tür und kämmte sich das Fell.

„Nun, Freund Kojote", sagte Kaninchen, „jetzt ist mir klar, dass ein großer Schwanz doch nicht so gut zum Laufen ist. Ich warte hier schon eine ganze Weile auf dich.
Wahrscheinlich bist du ziemlich zäh, aber ich werde dich trotzdem irgendwie fressen, wie wir es abgemacht haben!"

Kojote ist bekannt dafür, ein Feigling zu sein, und er machte auf der Hacke kehrt und lief davon, um seine Wettschulden nicht begleichen zu müssen. Sobald er verschwunden war, sprangen alle Kaninchen aus ihren Löchern und hielten sich die Bäuche vor Lachen.
„Ha, ha, ha!", sagten sie zueinander.
„Da haben wir ihn aber ganz schön reingelegt!"

Maisbrot

Benötigtes Material

250 g gelbes oder weißes Maismehl;
250 g normales Mehl;
60 g Zucker; 1 Esslöffel Backpulver;
1 Teelöffel Salz; 250 ml Öl; 1 Ei; 250 ml Milch;
2 große Rührschüsseln; Löffel;
eine ca. 20 cm große, viereckige und
gefettete Auflaufform; Herd.

3. Schritt

4. Schritt

So wird's gemacht!

1. Die trockenen Zutaten werden zusammen in einer Schüssel verrührt.
2. Das Öl, das Ei und die Milch werden in einer zweiten Schüssel vermischt.
3. Dann schüttet man die trockenen und die flüssigen Zutaten zusammen und verrührt sie gut miteinander.
4. Der Teig wird in eine gefettete Auflaufform gegossen und im vorgeheizten Ofen bei 200°C 25 Minuten lang gebacken, bis er goldbraun ist.

Zusätzliche Informationen

- Zu dem Maisbrot kann man gut Butter und Erdbeermarmelade, Hühner- oder Fischpaste oder Chilibohnen essen.
- Von den Indianern stammen einige der gesündesten und köstlichsten Lebensmittel, wie z.B. Mais, Bohnen, Kürbisse und Melonen. Über die Hälfte der Hauptnahrungsmittel, die wir heute essen, wurden ursprünglich von den Indianern kultiviert. Viele indianische Mythen und Legenden handeln von diesen Nahrungsmitteln. Mais ist ein ganz besonderes Nahrungsmittel, weil man es auf ganz unterschiedliche Weise zubereiten und essen kann: frisch, getrocknet oder gemahlen. Mais kann verwendet werden für Brot, Tortillas, Tamales, Nachspeisen und Suppen, um nur einige der Möglichkeiten zu nennen.

Die Sumpfschildkröte und der Truthahn

Diese Geschichte erinnert dich vielleicht an eine, die du schon kennst. Viele Tiergeschichten der Waldland-Indianer aus dem Südosten Amerikas sind Fabeln, die den Fabeln von Äsop sehr ähnlich sind. Eine Fabel will uns immer eine Lehre vermitteln. Was ist die Lehre dieser Geschichte von den Choctaw-Indianern?

Eines Tages stolzierte der Truthahn einen Waldweg entlang, als er zufällig auf die Sumpfschildkröte traf. Der Truthahn mit seinem roten, wallenden Kehllappen trägt seinen Schnabel immer sehr hoch und glaubt, er sei etwas Besseres als die anderen.

Als er die Sumpfschildkröte sah, mit ihren langsamen und plumpen Bewegungen und dem dicken Schildpanzer auf dem Rücken, konnte er der Versuchung nicht widerstehen, die Schildkröte ein wenig herunterzuputzen.
„Für was um alles in der Welt bist du eigentlich gut?", fragte der Truthahn, wie üblich voller Dünkel.
„Ich bin für viele Dinge gut", antwortete die Sumpfschildkröte.
„Ich kann mir nicht vorstellen, was das sein soll", erklärte der Truthahn. „Nenn mir doch nur mal ein Beispiel."
„Ich kann dich bei einem Wettrennen schlagen", erwiderte die Sumpfschildkröte.
„Ha, ha, ha!", lachte der Truthahn auf. „Das ist ja wohl die lächerlichste Behauptung, die ich jemals gehört habe! Du willst mich in einem Wettrennen schlagen? Ha, ha, ha! Was bist du nur für ein Dummkopf!"

„Doch, ich kann dich schlagen", beharrte die Sumpfschildkröte. „Ich kann gegen dich auf einer Strecke von 800 Metern gewinnen."
Der Truthahn freute sich voller Häme. „Na, das ist ein Wort!", sagte er zu der Sumpfschildkröte. „Wann soll das Rennen stattfinden?"
„Lass es uns in zwei Tagen austragen", sagte die Sumpfschildkröte. „Das einzige, worum ich dich bitte, ist ein Vorsprung von 30 Metern."
Der Truthahn antwortete: „Einverstanden!"
Am Tag des Rennens trafen sie sich auf dem Sportplatz vor dem Dorf. Weil sich alle Sumpfschildkröten in ihren Schildpanzern so ähnlich sehen, sollte die Sumpfschildkröte eine weiße Feder im Maul tragen.
So konnte man sie immer von den anderen Sumpfschildkröten unterscheiden. Der Truthahn flatterte aufgeregt triumphierend umher, denn er konnte es kaum erwarten, zu gewinnen und der Sumpfschildkröte ein für alle Male zu zeigen, wie nichtswürdig sie war.

Er war sich sicher, dass die Sumpfschildkröte nie vergessen würde, wer dieses Wettrennen gewonnen hätte, und dass nur ein ausgemachter Dummkopf gegen ihn antreten konnte. Alle Tiere waren da, um ihren Tip über den Ausgang des Rennens abzugeben. Die meisten glaubten, dass der Truthahn spielend gewinnen würde.

Die Sumpfschildkröte und der Truthahn standen jeder an einer Startlinie. Ein großer Truthahn gab ein lautes Kollern von sich und der Wettkampf hatte begonnen. Der Truthahn hatte die Sumpfschildkröte in kürzester Zeit überholt und bald den Wald erreicht, der an den Sportplatz grenzte.

„Was für ein ausgemachter Dummkopf bist du doch!", rief er der Sumpfschildkröte im Vorbeilaufen zu.

„Nicht ein so großer, wie du denkst!", erwiderte die Sumpfschildkröte, aber natürlich hielt der Truthahn nicht an, um die Antwort zu hören.

Bald hatte der Truthahn so einen großen Vorsprung, dass er glaubte, einen kurzen Halt für ein kleines Frühstück am Wegesrand der Rennstrecke einlegen zu können.

Was der Truthahn allerdings nicht wusste, war, dass die Sumpfschildkröte eine Menge Freunde hatte, denn die Sumpfschildkröten sind immer einer Meinung und kommen gut miteinander aus. Einer seiner Freunde hatte sich bereit erklärt, am Ende der Rennstrecke kurz vor der Ziellinie mit einer weißen Feder im Maul zu warten. Sobald der Truthahn in Sichtweite käme, würde er über die Ziellinie gehen und das Rennen gewinnen. Die Freunde hatten außerdem abgesprochen, dass die Sumpfschildkröte, sobald sie den schützenden Wald erreicht hatte, ihr Rennen unterbrechen und die Feder im Maul wegwerfen würde.

Der Truthahn hatte mittlerweile sein geruhsames Frühstück beendet und begab sich wieder zurück auf die Rennstrecke. Als er die Sumpfschildkröte nirgendwo entdecken konnte, wusste er nicht, ob sie ihn schon überholt hatte oder nicht. Deshalb rannte er nun so schnell er konnte. Aber die Sumpfschildkröte kam nicht in Sicht und er dachte: „Sie muss immer noch weit hinter mir sein. Was für ein ausgemachter Dummkopf!"

Plötzlich, als er gerade auf die Ziellinie zusteuerte, sah der Truthahn, wie die Sumpfschildkröte durchs Ziel ging. Der Truthahn hatte verloren und weil er so unglaublich dumm war, hat er nie herausbekommen, warum.

Die Moral dieser Geschichte ist, dass jene, die sich für etwas Besseres halten, möglicherweise von denen zum Narren gehalten werden, die sie verhöhnt haben.

Petroglyphen

Petroglyphen sind Muster oder Zeichnungen, die in Stein geritzt oder auf Felsen gemalt wurden. Sie wurden in historischen Indianer-Stätten in ganz Amerika gefunden. Einige sind ziemlich neu, andere hingegen Jahrhunderte alt. Man kann auch selbst einen Petroglyphen herstellen, der das Wettrennen zwischen dem Truthahn und der Sumpfschildkröte zeigt. Im Folgenden finden sich Anweisungen, wie man einen Petroglyphen leicht selber machen kann.

Benötigtes Material

Ein eingefetteter Plastikdeckel, z.B. von einer Kaffeedose;
Gips; eine Styropor- oder Pappschüssel;
zwei Büroklammern;
Temperafarben (wahlweise);
Pinsel (wahlweise).

So wird's gemacht!

1. Der Gips wird in einer Schüssel gemäß den Anweisungen auf der Packung angerührt. Den gefetteten Plastikdeckel gießt man bis zum Rand aus, ohne ihn überlaufen zu lassen.
2. In den Gips wird eine Büroklammer gedrückt, die später als Aufhängung dient.
3. Nachdem der Gips getrocknet, kann man ihn aus dem Deckel nehmen.
4. Die zweite Büroklammer biegt man auf, damit man mit der Spitze in den Gips ritzen kann. Ritze das Bild vom Truthahn und der Sumpfschildkröte in den Gips.
5. Zum Schluss kann man das Bild noch nach Wunsch bemalen.

1. Schritt   4. Schritt

Alternative

- Anstatt Petroglyphen aus Gips herzustellen, gibt es auch folgende Möglichkeit: Man benötigt Papier, eine alte Zahnbürste und Temperafarben. Aus Papier schneidet man die Schablone einer Hand, legt sie auf einen weiteren Bogen Papier und taucht die Zahnbürste in die Farbe ein. Mit einem Finger streicht man jetzt leicht über die Zahnbürste, sodass sich feine Farbspritzer über das Papier und die Handschablone verteilen. Wenn man dann die Schablone wegnimmt, hat man einen Handabdruck, der denen sehr ähnlich ist, die man in alten, historischen Stätten gefunden hat.

Das Ballspiel zwischen den Vögeln und den übrigen Tieren

Die meisten Indianer lieben unterschiedliche Sportarten und Ballspiele. Diese Geschichte aus dem Waldland im Südosten Amerikas handelt von einem Ballspiel zwischen den vierbeinigen Tieren, die sehr viele kräftige Spieler hatten, und den Vögeln, die nicht so stark wie die übrigen Tiere waren, aber dennoch das Spiel gewannen.

Eines Tages vor langer, langer Zeit forderten die vierbeinigen Tiere die Vögel zu einem großen Ballspiel heraus und die Vögel akzeptierten. Die Anführer der beiden Gruppen kamen zusammen und entschieden, an welchem Tag das Spiel stattfinden sollte. Als der Tag gekommen war, trafen sich alle auf dem vereinbarten Sportplatz: einer großen, grünen Ebene am Fluss, begrenzt von hohen Bäumen, wo sie ihre Balltänze aufführen konnten, bevor das Spiel beginnen würde.
Der Bär war der Mannschaftsführer der Tiere. Er war sehr schwer und stark und wenn es jemand wagen sollte, sich ihm in den Weg zu stellen, würde er ihn einfach zu Boden drücken.

„Ich werde den Vögeln zeigen, wer hier der Stärkste ist!", prahlte er und warf mit großen, schweren Baumstämmen, um allen zu zeigen, wie stark er war. Die Schildkröte, nicht die kleine, die wir bereits kennengelernt haben, sondern eine riesige, die in dieser Zeit noch lebte, stellte sich auf ihre Hinterbeine und ließ sich mit voller Wucht auf den riesigen Panzer fallen, der mit einem gewaltigen Krachen auf den Boden schlug.

„Ich werde jeden Vogel zerquetschen, der versucht, mir den Ball wegzunehmen", sagte die Schildkröte. „Mein Panzer ist so hart, dass mir kein Tier etwas anhaben kann!"
„Ich kann schneller laufen als jeder, der versucht, mir den Ball abzunehmen", sagte der Hirsch selbstbewusst. „Es soll nur jemand versuchen!"
Die Tiere waren sich alle ganz sicher, dass sie das Spiel gewinnen würden, weil so viele starke und schnelle Spieler unter ihnen waren. Sie konnten es sich einfach nicht verkneifen, damit zu prahlen, wie gut sie waren.
Die Vögel hatten den Adler zum Mannschaftskapitän bestimmt, aber sie hatten ein wenig Angst vor den Tieren. Sie beobachteten, wie die Tiere stolz ihre Möglichkeiten zur Schau stellten, und als der Tanz vorbei war, fuhren sie nervös mit dem Schnabel durch ihr Federkleid und warteten darauf, dass die Spielführer das Spiel eröffnen würden.

Während die Vögel noch nervös in den Bäumen saßen und an ihren Federn zupften, huschten zwei kleine Tiere, nicht größer als Feldmäuse, den Baumstamm zu ihnen hinauf. Schließlich erreichten sie die Zweige, in denen die Vögel warteten. Dann trippelten sie auf dem Ast entlang zum Adler.
„Bitte lasst uns in eurer Mannschaft mitspielen", sagte eines der kleinen Tiere zum Adler.
„Aber ihr habt vier Beine", sagte der Adler. „Warum wollt ihr nicht in der anderen Mannschaft mit den Tieren spielen?"
„Wir wollten ja", sagte das kleine Tier, „aber sie haben sich nur über uns lustig gemacht, weil wir so klein sind, und haben uns weggejagt."
Die winzigen Tierchen sahen so traurig aus, dass der Adler Mitleid mit ihnen bekam. „Okay", sagte er zu den beiden. „Wir werden euch bei uns mitspielen lassen, aber wir müssen Flügel für euch machen, damit ihr fliegen könnt wie wir anderen auch."

Der Adler, der Falke und die anderen Vögel berieten miteinander und schließlich fiel dem Falken die Trommel wieder ein, die sie zum Tanzen benutzt hatten.

„Wir können ein Paar Flügel aus der Haut auf unserer Trommel machen", erklärte der Falke den anderen. „Sie stammt von einem Waldmurmeltier und würde sich gut für ein Paar Flügel eignen."
Sie nahmen zwei Lederstücke aus dem Trommelfell. Die machten sie nass und formten sie zu Flügeln. Dann brachten sie Zweige als eine Art Gestänge am Leder an, um die Flügel spannen zu können. Sie befestigten die Flügel, die sie gemacht hatten, an den Vorderbeinen eines der beiden kleinen Tiere. Es sah nun so anders aus, dass sie ihm einen neuen Namen gaben: Fledermaus.
Bald wurde deutlich, dass die Fledermaus einer ihrer besten Spieler sein würde. Als sie ihr den Ball zuwarfen, konnte sie schnelle Haken schlagen, hin und her hechten und sie ließ dabei den Ball nie fallen, sondern hielt ihn in der Luft.

Aber als die Vögel anfangen wollten, für das zweite kleine Tier Flügel zu basteln, hatten sie kein Material mehr, denn das ganze Leder war für die Flügel der Fledermaus verwendet worden.
„Ich weiß, wie wir es machen können", sagte ein kleiner Vogel. „Wir können sein Fell lang ziehen und daraus Flügel machen."
Und das haben sie dann auch getan. Einige Minuten lang streckten und zogen zwei große Vögel mit ihren Schnäbeln das Fell des kleinen Tierchens auf jeder Seite seines Körpers zwischen seinen Vorder- und Hinterbeinen. Bald hatten sie ein Flughörnchen gemacht. Als der Adler den Ball zum Flughörnchen warf, nahm es ihn in seinen Mund und flog damit fast über die ganze Länge des Spielfelds.
„Jetzt haben wir zwei großartige Spieler in unserer Mannschaft!", waren sich alle Vögel einig.

Als das Signal zum Spielbeginn gegeben wurde, fing das Flughörnchen den Ball und flog damit hoch in den Baum. Er warf ihn den Vögeln zu, die den Ball einige Minuten in der Luft halten konnten, bevor er herunterfiel. Der Bär hastete danach, aber Martin, das Flughörnchen, war schneller und passte den Ball zur Fledermaus. Die Fledermaus flog knapp über dem Boden, aber in Schlangenlinien, und sie schlug so viele Haken, dass die Tiere sie nicht erwischen konnten. Bald hatte sie die Torpfosten erreicht und warf den Ball ins Tor. Die Vögel hatten das Spiel gewonnen!

Der Bär, die Schildkröte und der Hirsch hatten trotz ihrer ganzen Prahlerei vor dem Spiel nie die Chance, den Ball zu bekommen. Martin, der das Spiel für die Vögel gerettet hatte, weil er den Ball erwischte, bevor die Tiere ihn kriegen konnten, bekam als Preis einen Flaschenkürbis, in dem er sein Nest bauen konnte. Den Flaschenkürbis hat er bis zum heutigen Tag.

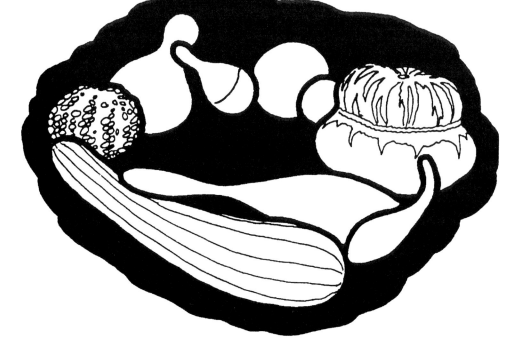

Beutel

Benötigtes Material

Stück Filz oder Leder, 22,5 cm x 30 cm; Schere; Filzreste in verschiedenen Farben; bunte Perlen; Webnadel; Garn; Stoffkleber; dekorative Gegenstände wie Pailletten, Bänder, Spitze etc. (wahlweise).

So wird's gemacht!

1. Aus dem Filzstück schneidet man zwei Teile entsprechend den unten dargestellten Formen. Diese Teile werden die Vorder- und die Rückseite des Beutels.
2. Aus Filzresten oder anderen dekorativen Materialien wird ein geometrisches oder ein Blumenmuster hergestellt und auf das kleine Filzstück geklebt.
3. Vorder- und Rückseite werden aufeinander gelegt und mit einer Webnadel und Garn vorsichtig zusammengenäht.
4. In den Rand des größeren Filzstücks schneidet man Fransen ein.
5. Der obere Teil des größeren Filzstücks wird als Deckel für den Beutel nach unten geklappt. Den Deckel kann man noch passend zur Vorderseite des Beutels gestalten.
6. Eventuell kann man noch zwei Schlitze in die Rückseite des Beutels schneiden, um ihn am Gürtel zu befestigen.

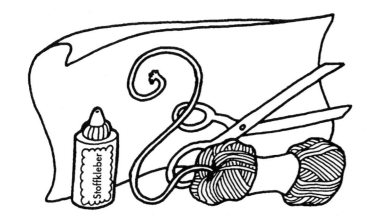

1. Schritt   4. Schritt

Zusätzliche Informationen

• Indianer machen viele unterschiedliche Arten von Beuteln, um Pfeifen, Kräuter, Nähzeug, Körperfarben, Gegenstände zum Feuermachen (Feuersteine und trockene Holzspäne wurden zum Feuermachen verwendet, bevor man Streichhölzer hatte) und Perlen hineinzutun. Bis vor ca. einhundert Jahren waren alle diese Beutel aus Leder – vor allem aus Büffel-, Hirsch- oder Elchhaut. Die Beutel waren mit Perlen und Fransen verziert und jeder Stamm hatte dabei seinen eigenen Stil.

Romantische und geheimnisvolle Geschichten

Die Indianer glaubten nicht nur, dass Tiere Gefühle und die gleichen Interessen hätten wie sie selbst, sie waren auch der Ansicht, dass Himmelskörper wie Sterne, Sonne, Mond und Naturgewalten wie Blitz und Donner die Eigenschaften von Menschen hatten. Irgendwann vor langer Zeit sind diese Wesen auf die Erde gekommen. Sie haben mit den Menschen gesprochen und Einfluss auf sie gehabt. Das trifft auch auf die Toten zu. Die Seelen der Toten gingen normalerweise fort zu einem anderen Ort, aber es gibt Geschichten von Seelen, die auf der Erde blieben und ihre irdischen Familien nicht verlassen wollten. Diese Geschichten enthalten mitunter Warnungen darüber, was passieren kann, wenn man sich mit den Toten einlässt. Aber die Himmelswelten wurden als perfekte Welten dargestellt, die man nicht mehr verlassen wollte.

Beutel

Benötigtes Material

Stück Filz oder Leder, 22,5 cm x 30 cm;
Schere; Filzreste in verschiedenen Farben;
bunte Perlen; Webnadel; Garn; Stoffkleber;
dekorative Gegenstände wie Pailletten,
Bänder, Spitze etc. (wahlweise).

4. In den Rand des größeren Filzstücks schneidet man Fransen ein.
5. Der obere Teil des größeren Filzstücks wird als Deckel für den Beutel nach unten geklappt. Den Deckel kann man noch passend zur Vorderseite des Beutels gestalten.
6. Eventuell kann man noch zwei Schlitze in die Rückseite des Beutels schneiden, um ihn am Gürtel zu befestigen.

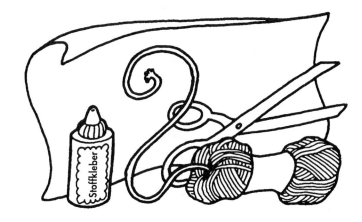

1. Schritt   4. Schritt

So wird's gemacht!

1. Aus dem Filzstück schneidet man zwei Teile entsprechend den unten dargestellten Formen. Diese Teile werden die Vorder- und die Rückseite des Beutels.
2. Aus Filzresten oder anderen dekorativen Materialien wird ein geometrisches oder ein Blumenmuster hergestellt und auf das kleine Filzstück geklebt.
3. Vorder- und Rückseite werden aufeinander gelegt und mit einer Webnadel und Garn vorsichtig zusammengenäht.

Zusätzliche Informationen

• Indianer machen viele unterschiedliche Arten von Beuteln, um Pfeifen, Kräuter, Nähzeug, Körperfarben, Gegenstände zum Feuermachen (Feuersteine und trockene Holzspäne wurden zum Feuermachen verwendet, bevor man Streichhölzer hatte) und Perlen hineinzutun. Bis vor ca. einhundert Jahren waren alle diese Beutel aus Leder – vor allem aus Büffel-, Hirsch- oder Elchhaut. Die Beutel waren mit Perlen und Fransen verziert und jeder Stamm hatte dabei seinen eigenen Stil.

Romantische und geheimnisvolle Geschichten

Die Indianer glaubten nicht nur, dass Tiere Gefühle und die gleichen Interessen hätten wie sie selbst, sie waren auch der Ansicht, dass Himmelskörper wie Sterne, Sonne, Mond und Naturgewalten wie Blitz und Donner die Eigenschaften von Menschen hatten. Irgendwann vor langer Zeit sind diese Wesen auf die Erde gekommen. Sie haben mit den Menschen gesprochen und Einfluss auf sie gehabt. Das trifft auch auf die Toten zu. Die Seelen der Toten gingen normalerweise fort zu einem anderen Ort, aber es gibt Geschichten von Seelen, die auf der Erde blieben und ihre irdischen Familien nicht verlassen wollten. Diese Geschichten enthalten mitunter Warnungen darüber, was passieren kann, wenn man sich mit den Toten einlässt. Aber die Himmelswelten wurden als perfekte Welten dargestellt, die man nicht mehr verlassen wollte.

Der Nordwind und der Südwind

Von vielen Stämmen gibt es Geschichten über Jack Frost und seinen Gegenspieler werden. In diesen Geschichten wird der kalte Nordwind immer als Feind dargestellt, weil er die Kraft hat, die Pflanzen erfrieren zu lassen, und die Menschen zwingt, in ihren Häusern zu bleiben. Der warme Südwind ist der Freund, denn er gilt als die Kraft, die die Pflanzen erblühen und Früchte tragen lässt. Die Pueblo-Indianer aus Acoma und Laguna haben eine Geschichte, in der der gute Geist aus dem Süden den bösen Geist aus dem Norden besiegt. Es ist eine Liebesgeschichte.

Vor vielen Wintern hatte der Oberhäuptling von Acoma eine wunderschöne Tochter mit Namen Kot-chin-a-ka. Alle jungen Männer wollten sie heiraten, aber sie sagte immer nein.
Eines Tages kletterte ein junger, gut aussehender Fremder die Steinleiter zum Dorf hinauf. Seine Kleidung war mit glitzernden Eiszapfen bedeckt und er lächelte nicht. Die reizende Tochter des Häuptlings beugte sich über den See, um ihren Wassertopf zu füllen. Sie sah, dass der Fremde gut aussah, bemerkte aber nicht, wie kalt er war. Er hatte sie ebenfalls wahrgenommen und nach ein paar Tagen fragte er sie, ob sie ihn heiraten wolle.
Die Tochter des Häuptlings heiratete Nordwind, denn so lautete der Name des gut aussehenden Fremden.
Acoma wurde ein trauriger und kalter Ort. Jeden Tag verließ Nordwind das Dorf und ging zurück in sein eigenes Dorf in den Norden.

Tagsüber war es warm, aber sobald er am Abend zurückkehrte, kühlte die Luft ab und das Wasser begann zu frieren.

Die Menschen im Dorf konnten nun keinen Mais mehr anbauen, denn der bitterkalte Wind tötete alles, was sie anpflanzten. Nur der Kaktus konnte überleben. Deshalb begannen die Menschen, Kakteen zu essen, zuerst brieten sie die Blätter, um die Dornen zu entfernen, denn das war das einzige Nahrungsmittel, das ihnen blieb.

Eines Tages, als Nordwind auf einer Reise in sein Zuhause im kalten Norden war, briet Kot-chin-a-ka gerade Kaktusblätter, als ein anderer gut aussehender, junger Fremder mit einem sonnigen Lächeln neben ihr stehen blieb.

„Was tust du da?", fragte er sie.

„Ich brate Kaktusblätter, damit meine Familie etwas zu essen hat", antwortete sie.

„Tu das nicht", erwiderte der Fremde mit einem Lächeln und gab ihr einen frischen Maiskolben. „Wenn du das isst und magst, werde ich mehr davon mitbringen."

Südwind, der neue Fremde, ging fort. Aber bald kam er wieder mit einer großen Ladung frischer Maiskolben zurück, die er in ihr Haus trug.

„Brate das", sagte er, „und wenn jemand zu dir kommt, gib ihm zwei Kolben, denn von nun an werdet ihr viel Mais haben." Kot-chin-a-ka röstete den Mais und die hungernden Menschen freuten sich über die Kolben, die sie ihnen gab.

Aber eines Tages kam Nordwind von seiner Reise aus dem Norden zurück. Sobald er die Leiter zum Dorf hinaufgestiegen war, kam ein kalter Wind auf und der vormals sonnige Himmel zog sich zu. Überall um ihn herum fielen große Schneeflocken. Der Südwind hingegen wärmte die Luft wieder auf und ließ den Schnee schmelzen.

84

„Nun", sagte Nordwind zu Südwind, „ich habe das Gefühl, dass wir herausbekommen müssen, wer hier der Stärkere ist, du oder ich. Der Stärkere von uns beiden soll Kot-chin-a-ka zur Frau bekommen."
Südwind akzeptierte das Angebot und die beiden kamen überein, dass ihr Wettkampf in vier Tagen beginnen sollte. Südwind machte sich sofort auf den Weg, um sich mit der Spinnenfrau zu treffen, denn sie war weise und gut und konnte ihm sagen, was er wissen musste.
Am ersten Tag des Wettstreits kam der Nordwind ins Dorf. Er sprach seine Zauberformel und ein peitschender Hagelsturm und eine bittere Kälte kamen auf, die alles Wasser gefrieren ließ. Aber der Südwind machte ein großes Feuer und legte ein paar kleine Steine hinein, die einen warmen Wind aufkommen ließen. Aller Schnee und alles Eis schmolzen.

Am zweiten Tag sagte Nordwind seine Zauberworte und ein tiefer, tiefer Schnee fiel auf das Dorf. Der Südwind aber schickte seine warme Brise und der Schnee schmolz wieder.
Am dritten Tag sagte der Nordwind seine mächtigste Zauberformel und große Eiszapfen fielen vom Himmel. Bald war das Dorf mit einer Eisschicht überzogen. Aber der Südwind machte wieder ein Feuer und setzte seinen warmen Wind ein, der das Eis tauen ließ und die Luft erwärmte.
Schließlich gab der Nordwind auf und ging zurück in seine zugefrorene Heimat im Norden und der Südwind hatte die wunderschöne Prinzessin gewonnen. Die Menschen im Dorf jubelten und die beiden lebten glücklich und zufrieden bis an ihr Lebensende.

Geschichtentasche

Benötigtes Material
Papiertüte;
Wachsmalstifte oder dicke Filzstifte;
verschiedene Gegenstände
als Erzählanlässe.

So wird's gemacht!
1. Mit Wachsmal- oder Filzstiften bemalt man die Papiertüte mit Indianersymbolen und Mustern.
2. In die Tasche werden verschiedene Gegenstände gelegt, z.B. kleine Spielsachen, Federn, Steine, Kugeln oder Fossilien.
3. Zusammen mit der Familie oder mit Freunden setzt man sich in einen Kreis. Die Tasche wird herumgegeben. Jede Person nimmt sich einen Gegenstand aus der Tasche und benutzt ihn als Anlass für eine Geschichte.

Zusätzliche Informationen
• Geschichten sind sehr wichtig für die Indianer, da sie den Menschen erzählen, woher sie kommen und warum sie manche Dinge tun müssen. Früher erzählte man sich die Geschichten in der Regel nur zu bestimmten Zeiten. Bei den White-Mountains-Apachen waren es nur kalte Tage, bei vielen Indianerstämmen aus der Prärie kalte Winterabende, wenn sie zusammen am Feuer saßen. Sie erzählten sich keine Geschichten, wenn wilde Tiere in der Nähe waren, weil man damit deren Gefühle hätte verletzen können. Man dachte immer an die Gefühle der anderen, bevor man etwas tat. Manchmal wurde mitten in einer Geschichte der Erzähler gewechselt. Wenn ein Geschichtenerzähler aufhörte, fragte er vielleicht in die Runde: „Hat irgendjemand eine Idee, wie diese Geschichte ausgehen könnte?" Dann setzte ein anderer Geschichtenerzähler dort an, wo der erste aufgehört hatte.

Wolkenfänger und Mondfrau

Dies ist eine von zahlreichen Liebesgeschichten zwischen Menschen und Sternen, Sonne oder Mond. In dieser Geschichte aus den Nördlichen Waldländern heiratet ein junger Mann den Mond. Nach einiger Zeit sehnt er sich jedoch nach seinem Leben auf der Erde. Er kommt zurück, um festzustellen, dass das Leben auf der Erde nicht so schön ist, wie er es in Erinnerung hatte. Dann kehrt er zurück zu seinem Leben im Himmel. Hast du eine Idee, was uns diese Geschichte sagen will?

Die Familie eines jungen Mannes, der sich gerade dem Ritus des Übergangs vom Jungen zum Mann unterziehen sollte, war verärgert, weil der junge Mann nicht fasten wollte, so wie es der Ritus vorschreibt. Der Vater schickte den jungen Mann weg. Es war eine wunderschöne Nacht. Der Mond und die Sterne leuchteten hell am Himmel und der junge Mann, Wolkenfänger war sein Name, legte sich auf den Boden und sah hinauf in den Nachthimmel.

Er war nicht unglücklich darüber, dass man ihn zu Hause hinausgeworfen hatte, denn er war sehr selbstbewusst und wusste, wie er sein Leben führen wollte. Er dachte, er würde gut ohne seine Familie auskommen.

Er legte sich in sein weiches Bett aus Gras und sah hinauf zu den hell funkelnden Sternen im Himmel. Kurz bevor er einnickte, sah er, dass der Mond ein Gesicht zu haben schien, aber da er sehr müde war nach den Ereignissen des Tages, schlief er alsbald ein.

Er wachte noch vor Sonnenaufgang von einem Licht auf, das um ihn herum zu leuchten schien. Er stützte sich auf seine Ellbogen und blickte hinter sich. Dort stand, umgeben von einem weißen Lichtkranz, eine wunderschöne, junge Frau, die auf ihn hinuntersah. „Wolkenfänger" sagte sie, „ich bin deinetwegen gekommen."

Er stand auf, wollte seinen Augen nicht trauen. Sie war schöner als alle jungen Frauen, die er jemals gesehen hatte, und das Lächeln auf ihrem Gesicht zog ihn unwillkürlich an.

„Komm mit mir", sagte sie.

Noch nie hatte Wolkenfänger einen so schönen Menschen gesehen und er wollte mit ihr gehen, wo immer sie ihn hinführen würde. Sie schwebte vor ihm und als er ihre Hand ergriff, begann auch er zu schweben. Gemeinsam mit ihm flog sie hinauf durch die Wolkenfetzen, die sich in Streifen über den Himmel zogen und weiter in eine Welt voller wunderbarer Dinge.

Sie kamen in ein Tal, ebenso breit wie lang, durch das ein glitzernder Fluss strömte. Am Ufer standen Pyramidenpappeln, ihre Baumkronen ragten in den Himmel, der von einem so tiefen Blau war, wie man es noch nie auf der Erde gesehen hat. Die Vögel sangen und flatterten in den Bäumen. Das Tal war umgeben von dunkelblauen Hügeln, die durch ein Meer bunter Blumen aufgehellt wurden – rote, gelbe, weiße und blaue Blumen.

Der große Wigwam, zu dem er geführt wurde,
war aus dem feinsten gegerbten Büffelleder,
das er jemals gesehen hatte.
Reich verzierte Decken stapelten sich auf den Betten,
die mit hohen und aufwendigen Kopfteilen versehen
waren. Die Innenwände des Wigwams waren mit
bunt bemaltem Wildleder ausgelegt. In der Mitte
flackerte ein warmes Feuer und ein großer Topf
Suppe mit Büffelfleisch köchelte leise vor sich hin
und erfüllte den Wigwam mit seinem Duft.
Jeden Tag schlenderte Wolkenfänger durch seine
neue Heimat und war stets aufs Neue erstaunt,
wie reich und schön dieses Land war. Die Menschen
dort waren anmutig und liebenswürdig. Wo auch
immer er hinkam, wurde er mit ausgestreckten
Armen und strahlenden Gesichtern empfangen.
Auf allen Herdfeuern köchelten Suppentöpfe und
das Fleisch dafür war einfach da, ohne dass man es
erjagen oder vorbereiten musste. Es war eine
wahrhaft friedliche Welt ohne Hunger und Sorgen.

Aber trotz der Schönheit und des Reichtums,
die ihn umgaben, und trotz der Liebe zu seiner
wunderschönen Mondfrau, sehnte sich
Wolkenfänger danach, seine Familie auf der Erde
wiederzusehen. Schließlich ging er zu seiner Frau
und sagte: „Ich muss meine Familie auf der Erde
besuchen."
„Bist du sicher, dass du diese perfekte Welt
verlassen willst, um an einen Ort zurückzukehren,
der voller Not und Leiden ist?", fragte sie ihn.
„Ja, ich möchte meine Eltern und meine Freunde
wiedersehen", antwortete er. „Ich werde
zurückkehren, nachdem ich sie besucht habe."
„Nun gut, geh so lange zurück, wie du möchtest",
sagte ihm seine Frau, „aber ich muss dich wegen
einer Sache warnen. Wenn du dort unten bist, darfst
du dir keine Erdenfrau zur Frau nehmen. Du musst
mir treu bleiben."
„Ich werde nie eine andere lieben können!",
versprach er.

„Ich kann keine Frau auf der Erde jemals so sehr lieben, wie ich dich liebe. Darüber brauchst du dir keine Sorgen zu machen."

Sie begleitete ihn zurück auf die Erde, die beiden ließen sich durch die Wolken hinuntergleiten. Als seine Füße die Erde berührten, schwebte sie davon, zurück in ihr himmlisches Zuhause. Seine Familie freute sich sehr, ihn gesund und wohlbehalten wiederzusehen, denn sie hatte gedacht, er sei tot. Er musste allerdings feststellen, dass es nicht immer leicht war, jagen zu müssen, um etwas zu essen zu haben, und manchmal auch mit leeren Händen zurückzukommen. Es dauerte nicht lange, da sah sich Wolkenfänger nach einer Begleitung um. Er heiratete eine Erdenfrau, entgegen der Warnung seiner Mondfrau. Nach vier Tagen war seine neue Frau tot. Leider schenkte Wolkenfänger der Warnung der Mondfrau immer noch keine Beachtung und nach kurzer Zeit heiratete er erneut.

Auch diese Frau starb vier Tage nach der Hochzeit. Er fragte sich: „Warum bin ich auf diese Erde zurückgekommen, die voller Not und Leiden ist? Warum bin ich hierher zurückgekehrt, wenn ich doch in der Himmelswelt alles hatte, was man sich nur wünschen kann?"

Eines Abends verließ er sein Wigwam und lief über die Prärie. Er sah hinauf zum Mond und sehnte sich nach dem, was er dort oben zurückgelassen hatte. Seine Erdenfamilie sah ihn nicht wieder. Sie sagen, dass Wolkenfänger zur Mondfrau und seinem Zuhause im Himmel zurückgekehrt ist und dass er nun gerne dort bleibt.

Früchtebrot

Benötigtes Material

500 g reife Früchte wie Aprikosen, Pflaumen, Äpfel, Pfirsiche und Erdbeeren; Küchenmesser; Mixer; Kochlöffel; Backblech; Frischhaltefolie.

So wird's gemacht!

1. Die Früchte waschen und abtropfen lassen. Alle Früchte werden in kleine Stücke geschnitten.
2. Dann verrührt man die Früchte ca. 15 Sekunden lang im Mixer.
3. Das Backblech wird mit Frischhaltefolie ausgelegt.
4. Die Fruchtmasse gießt man auf die Frischhaltefolie und lässt das Ganze an einem warmen Ort ein oder zwei Tage lang trocknen.
5. Zum Schluss werden die getrockneten Früchte von der Frischhaltefolie gelöst. Guten Appetit!

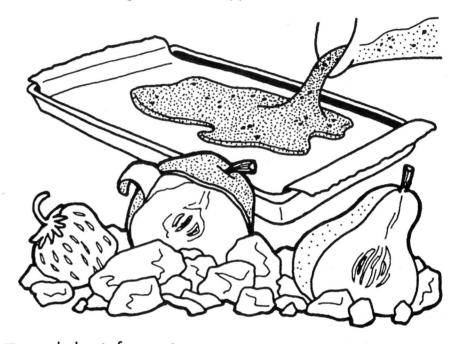

Zusätzliche Informationen

- Die meisten Indianer essen Früchte sehr gerne. Nordamerika hat eine fast unendliche Vielfalt von heimischen, essbaren Früchten. Es gibt viele Sorten wilder Beeren – Heidelbeeren, Stachelbeeren, Erdbeeren, wilde Weintrauben und Süßkirschen, um nur einige zu nennen. In der Regel werden die Beeren frisch gegessen, aber die Indianer trocknen sie auch, um sie für den Winter haltbar zu machen. Eines der Lieblingsgerichte des Nördlichen Waldlands war ‚Pemmikan', das aus flachgeklopftem Dörrfleisch und Früchten besteht, die mit Fett verrührt werden. So hält es sich über viele Monate hinweg.

Die Legende von Tutokanula

Eine der schönsten Landschaften Nordamerikas ist das Tal, das heute unter dem Namen Yosemite bekannt ist. Die Ahwahneechees, die ältesten bekannten Bewohner dieses Tals, erzählten sich die folgende Geschichte darüber, wie der Berg Half Dome entstanden ist.

Das Tal von Ahwahnee ist fruchtbar und herrlich. Der wunderschöne Wakala River fließt hindurch. Steil ragen die Berge in luftige Höhen auf. Im Winter sind die Gipfel schneebedeckt. Im Frühling fällt das Wasser in majestätischen Wasserfällen herunter. Der große Felsenhäuptling Tutokanula wachte über das grasbedeckte Tal. Er war der stärkste Geist, der hier einmal wohnte. Von dem Berg, den wir heute El Capitan nennen, wachte er über seine Kinder, die Ahwahneeches. Von diesem Aussichtspunkt aus konnte er das ganze Tal überblicken und die Menschen vor bösen Geistern schützen. Jeden Frühling achtete er darauf, dass das Wasser ins Tal hinunterfloss, damit die Ahwahneeches und die Tiere über den Sommer genug zu essen hatten und das Tal mit einem Blumenteppich bedeckt war.

Tutokanula hat es den Ahwahneeches nie gestattet, sein Gesicht zu sehen, aber sie spürten, dass er unruhig und unzufrieden war. Was sie nicht wussten, war, dass Tutokanula sich einsam fühlte, denn auch ein mächtiger Geist sehnt sich mitunter nach Gesellschaft.

Eines Tages hörte Tutokanula dann eine Stimme, die sanfter war als das Flüstern einer leichten Brise, die durch die Kiefernspitzen weht. Das Geräusch war immer wieder zu hören und er sah hinüber zu der Granitkuppe, die er South Dome genannt hatte. Dort bot sich ihm ein wunderschöner Anblick, der alles übertraf, was er bisher gesehen hatte. Tissack, die Geisterfrau der Ahwahnee, erschien auf der Steilwand der großen Kuppe, an ihrer Seite ihr großer Hund, der sie beschützen sollte. Ihr Haar hatte die Farbe der aufgehenden Sonne, ihre Augen waren so blau wie der Himmel an einem klaren Sommertag und ihre Stimme war wohltuend und sanft wie Vogelgezwitscher.

92

Das Lächeln auf ihrem rosigen Gesicht bezauberte Tutokanula, aber genauso plötzlich, wie sie erschienen war, verschwand sie auch wieder.
Den ganzen Tag über erschien ihr Gesicht immer wieder für kurze Zeit, aber dann war sie endgültig verschwunden. Der große Häuptling lief verzweifelt durch das Tal und hielt nach ihr Ausschau, aber er konnte sie nicht mehr wiederfinden. Als es Nacht wurde, war ihm das Herz vor Trauer schwer.
Jeden Morgen, wenn es dämmerte, sah Tutokanula die Frau wieder, in die er sich verliebt hatte.
Sie erschien mit ihrem Hund über South Dome, Cathedral Spires und Cathedral Rocks.
„Tissack, Tissack, komm zu mir. Ich liebe dich!", rief er außer sich zu ihr hinüber, aber bevor er sie erreichen konnte, war sie verschwunden.
„Tissack, Tissack", rief er, „wenn du zu mir kommst und mit mir lebst, wird unser Volk, die Ahwahneechees, die Früchte des Sommers und das fette Fleisch der Hirsche genießen.

Zusammen werden wir aus diesem Ort ein Paradies für sie machen. Aber im Moment bin ich zu traurig, um überhaupt einen Gedanken an sie zu verschwenden. Ich brauche dich, Tissack!"
Tutokanula verlor nie die Hoffnung, dass er eines Tages Tissack finden und für sich gewinnen würde. Aber während er sie suchte, vernachlässigte er seine Kinder. Deshalb wurde das Land hart und trocken und der Wakala floss nicht mehr. Der Frühling kam nicht in diesem Jahr. Die Blumen wuchsen nicht, die Büsche trugen keine Früchte und die Tiere weigerten sich, ihr Zuhause zu verlassen, und brachten damit viel Leid über die Menschen. Die Ahwahneeches beteten zum großen Felsenhäuptling, dass er ihnen den Frühling bringen sollte. Sie tanzten ihm zu Ehren und hielten Zeremonien ab. Aber nichts hatte Erfolg. Währenddessen machte sich Tissack große Sorgen, denn sie wusste, wenn sie Tutokanulas Frau würde, wie er es sich wünschte, würde er nie wieder sein Volk so lieben.

Er würde ihr seine ganze Liebe schenken.
Der Große Geist wartete geduldig darauf, dass
der große Felsenhäuptling um Regen bitten würde,
damit die Tiere und Menschen wieder etwas zu
essen finden würden. Aber das tat er nicht. Der
Große Geist dachte, Tissack würde Tutokanula
an der Nase herumführen und ihn so dazu bringen,
dass er seine Pflichten vernachlässigte.
Schließlich schickte der Große Geist wutentbrannt
den mächtigen Donner und gewaltige Blitze, die
Tissacks Berg in zwei Hälften spalteten. Eine Hälfte
stürzte hinunter ins Tal, brachte den Schnee zum
Schmelzen und das Wasser wieder zum Fließen.
Das Tal wurde wieder grün, die Wasserfälle
rauschend und voll, und die Bäche flossen wieder.
Tissack hatte nun kein Zuhause mehr und war
bestürzt über das Vorgehen des Großen Geistes.
Sie verschwand im Tal, ließ Blumen verstreut
auf den Wiesen zurück.

Tutokanula war zuerst traurig, aber dann akzeptierte
er die Entscheidung des Großen Geistes. Er ritzte
Tissacks Profil in die Seitenwand des South Dome,
der nun Half Dome genannt wird. Dann ritzte er
sein eigenes Profil in die Felsenwand des El Capitan,
wo es heute noch immer zu sehen ist.

Schauen und Sehen: Zwei unterschiedliche Dinge

In der „Legende von Tutokanula" blickte der große Felsenhäuptling auf den South Dome, sah, wie er meinte, eine wunderschöne Frau und verliebte sich in sie. Was er anschaute und was er sah, waren zwei völlig unterschiedliche Dinge. Er schaute auf einen Berg, aber er sah eine wunderschöne Frau. Das ist passiert, weil er eine wunderschöne Frau sehen wollte.

Manchmal passiert uns genau das gleiche. Wir schauen eine Sache an und sehen etwas anderes. Wenn wir uns einen Ort oder einen Gegenstand anschauen, sehen wir meist nur bestimmte Merkmale oder nur bestimmte Teile und nicht das Ganze. Es gibt viele Gründe dafür, warum wir das tun. Manchmal gewöhnen wir uns sehr an Dinge, die an einer bestimmten Stelle sind. Dann ‚sehen' wir diese Dinge oft nicht wirklich, weil wir davon ausgehen, dass sie immer genauso bleiben werden, wie sie einmal waren. Manchmal haben wir einen so starken Wunsch, bestimmte Dinge zu sehen, dass wir uns selbst glauben machen, wir hätten sie gesehen, obwohl sie eigentlich nicht da sind. Bei anderen Gelegenheiten wollen wir etwas nicht wahrhaben, deshalb entscheiden wir uns, es nicht zu ‚sehen'. Manchmal sehen wir nur die Dinge, die wir brauchen, um unser Überleben zu sichern.

Die Fähigkeit, genau zu ‚sehen' und die Welt um uns sorgfältig wahrzunehmen, nennen wir manchmal Aufmerksamkeit.

So wird's gemacht!

Die folgenden Übungen können vielleicht dazu beitragen, aufmerksamer zu werden.

1. Die Kinder verlassen ihr Zimmer oder die Klasse und schließen die Tür. Dann setzen sie sich hin und erstellen eine Liste oder Skizze mit allen Dingen, die sich ihrer Erinnerung nach in diesem Raum befinden. Wenn sie damit fertig sind, gehen sie zurück in den Raum. Welche Dinge haben sie vergessen aufzulisten oder einzuzeichnen? An welche Dinge haben sie sich erinnert? Warum sind ihrer Meinung nach einige Dinge leichter zu behalten als andere?

2. Die Kinder gehen nach draußen und suchen sich ein Plätzchen in der Nähe eines Baumes, eines Bachs, eines Zaunes oder eines Feldes etc. Während ein Partner oder eine Partnerin die Zeit nimmt, haben die Kinder zehn Minuten, um alles aufzulisten oder zu zeichnen, was sie sehen, hören, riechen oder fühlen. Sind sie aufmerksamer, wenn sie alle Sinne benutzen? Wie könnten sie ihre Beobachtungsgabe oder ihre Gabe zu ‚sehen' verbessern, wenn sie einen ihrer Sinne nicht benutzen dürften?

3. Die Kinder diskutieren mit einem Freund oder einer Freundin – sowohl mit einem Erwachsenen als auch mit einem Kind – darüber, wie wichtig es ist, Dinge so vollständig wie möglich zu sehen, und wie uns diese Gabe helfen kann, die Welt mehr zu genießen, zu respektieren und mehr darüber zu erfahren.

Spiraltopf

Benötigtes Material

Zeitung; weicher, feuchter Ton;
Schüssel oder Tasse mit Wasser;
Plastikmesser;
Farben und Pinsel.

So wird's gemacht!

1. Um die Arbeitsfläche nicht schmutzig zu machen, breitet man eine Zeitung darüber aus. Ein Stück Ton wird zu einer kleinen Scheibe als Grundfläche für den Topf geformt.
2. Ein handgroßer Tonklumpen wird zu einem Oval geformt. Dann rollt man ihn zu einer langen Wurst. Der Vorgang wird mehrmals mit weiteren Tonklumpen wiederholt.
3. Ein Ende der Wurst drückt man an der Grundfläche fest und legt die Tonwurst spiralenförmig aufeinander. Es werden so lange neue Tonwürste hinzugefügt, bis die Seitenwände hoch genug sind.

4. Jetzt befeuchtet man seine Finger mit Wasser, um dann die Seitenwände zu verschmieren. Mit dem Plastikmesser kann man den Topf mit Indianermustern und -symbolen verzieren. Der Ton muss gut trocknen.
5. Nachdem der Ton vollständig getrocknet ist, kann der Topf noch bemalt werden.

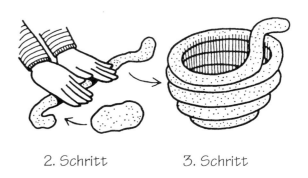

2. Schritt   3. Schritt

Zusätzliche Informationen

• Die Indianer aus dem Südwesten Amerikas sind ausgezeichnete Töpfer. Sie haben über Jahrhunderte hinweg wunderschöne Töpferwaren hergestellt. Einige der frühesten Töpferwaren, die wir heute kennen, sind schwarz-weiß bemalt; andere wurden mit Brauntönen oder anderen Farben verziert. Es ist nicht genau überliefert, wie die ersten Töpfer die Technik des Töpferns entdeckt haben. Allerdings sind die ersten uns heute bekannten Töpferwaren sehr grob, mit viel Stroh und anderen Materialien, die mit verarbeitet wurden. Die Nomadenstämme aus der Prärie stellten keine Töpferwaren her, da sie zu schwer und zerbrechlich waren. Die Stämme aus dem Nordwesten hatten ebenfalls keine Tontöpfe, sie benutzten für alles Holzkisten. Die trockene Wüstenluft bietet das beste Klima zum Töpfern, was vielleicht einer der Gründe dafür ist, warum die meisten Töpferarbeiten von Indianern aus Wüstenregionen stammen.

Der Junge und der Adler

Von allen Vögeln wird der Adler von den meisten Indianern am höchsten geachtet. Eine Unmenge von Geschichten ist diesem wunderbaren Vogel gewidmet. Seine Federn haben einen sehr hohen Wert und werden oft für zeremonielle Gegenstände verwendet. In der Vergangenheit hielten sich einige Pueblo-Stämme Adler als Haustiere. Von diesen Vögeln bekamen sie mitunter ihre heiligen Adlerfedern, die sie für ihre Zeremonien brauchten. In dieser Geschichte lernt ein Junge, dass er Adler nicht als gefangen halten soll, denn unter ihrem Federkleid sind die Adler anders, als die meisten Menschen denken.

Vor sehr langer Zeit, als die Sterne, die Tiere und die Menschen noch die gleiche Sprache sprachen, lebte ein Junge mit Namen Taoh. Taoh hatte einen Adler als Haustier, den er an einem Lederriemen am Fuß festgebunden hatte. Er liebte seinen Adler sehr und brachte Tag für Tag von der Jagd immer auch ein Kaninchen für den Adler mit. Eines Tages ging er wieder einmal auf Kaninchenjagd.
„Schwester, wirst du auf meinen Adler aufpassen, während ich jagen gehe? Wirst du ihn regelmäßig füttern und seinen Platz saubermachen?", fragte er seine Schwester.
„Natürlich werde ich das tun", antwortete sie. „Ich mache das gerne."
Taoh ging fort, aber sobald er verschwunden war, kümmerte sich die Schwester nicht etwa um den Adler, sondern sie beschimpfte ihn: „Ich hasse dich", stieß sie hervor. „Mein Bruder liebt dich mehr als mich. Immer denkt er nur an dich. Wenn du nicht wärst, könnten wir alle Kaninchen, die er nach Hause bringt, selbst essen und müssten sie nicht mit dir teilen."

Der Adler war wütend und als die Schwester ihm Futter hinlegte, weigerte er sich, davon zu essen.
Als Taoh nach Hause kam, erzählte ihm der Adler, was seine Schwester gesagt hatte.
„Ich bin traurig und vermisse meinesgleichen", sagte der Adler zu Taoh. „Komm mit mir nach Hause, ich will dich meiner Familie vorstellen."
Am folgenden Tag, als die Erwachsenen zum Arbeiten ins Maisfeld gegangen waren, brachen Taoh und der Adler auf. Als sie an eine Stelle kamen, wo niemand sie sehen konnte, sagte der Adler zu Taoh: „Löse den Lederriemen an meinem Fuß und klettere auf meinen Rücken. Ich werde dich tragen."
Taoh tat, was der Adler ihm gesagt hatte, und schon bald stiegen sie auf in den Himmel über den Maisfeldern. Sie flogen immer höher hinauf.
Sie flogen sehr lange weiter, bis sie schließlich an eine Tür im Himmel kamen.

Der Adler glitt durch die Tür und ließ sich auf dem Himmelsboden nieder, wo er den Jungen vorsichtig absetzte.
„Zuerst werde ich zu meiner Familie gehen", sagte der Adler. „Aber ich komme bald zurück."
Der Junge wartete und wartete an diesem unbekannten Ort. Er hatte keine Angst, denn er wusste, dass sein Freund ihm nichts antun würde. Aber er hatte einfach keine Ahnung, was er hier tun sollte oder wohin er gehen könnte. Nachdem drei Tage vergangen waren, machte er sich schließlich auf den Weg in die Richtung, in die der Adler verschwunden war. Schon bald traf er die Alte Spinnenfrau.
„Kannst du mir helfen?", fragte er die Alte Spinnenfrau. „Mein Freund ging fort und ließ mich zurück. Er sagte, er wolle zurückkommen, aber ich warte nun schon drei Tage auf ihn und er kommt nicht wieder. Ich weiß nicht, wie ich ihn finden kann."

98

„Wie heißt denn dein Freund, Kind?", wollte die Alte Spinnenfrau wissen.
„Er ist der Adler", erwiderte der Junge.
„Oh", antwortete sie, „das wird gar nicht so einfach sein. Ich will dir erklären, was du tun musst."
Taoh hörte sehr genau zu, was die alte Frau ihm erklärte. Er war froh, sie um Hilfe gebeten zu haben, denn sie wusste, wie man mit Adlern umgeht und kannte den Weg.
„Das musst du tun", erklärte sie ihm. „Du musst in die Richtung gehen, die ich dir zeige. Wenn du an eine steile Leiter kommst, die hinaufführt zum Haus der Adler, weißt du, dass du richtig bist. Jetzt musst du ganz vorsichtig sein. Denn in die Leiter sind Feuersteinstücke und Pfeilspitzen eingearbeitet. Wenn du nicht weißt, was du tun musst, wirst du dich an Füßen und Händen bei dem Versuch, die Leiter hinauf in das Haus zu klettern, schlimm schneiden. Nimm dieses Kräutersäckchen.

Wenn du zu der Leiter kommst, klettere nicht sofort hinauf. Nimm erst einige dieser Kräuter in den Mund und kaue sie gut. Wenn du sie lange gekaut hast und sich ihr Saft in deinem Mund verteilt, spucke ein wenig davon auf eine Sprosse der Leiter. Dann wird sie für dich ungefährlich sein und du kannst hinaufklettern."

Taoh bedankte sich bei der alten Frau und begab sich auf seine Reise. Als er zu der Leiter kam, sah er, dass die alte Frau die Wahrheit gesagt hatte, denn scharfe Feuersteinstücke und Pfeilspitzen aus Stein ragten überall aus der Leiter. Taoh nahm einige Kräuter aus dem Säckchen und steckte sie sich in den Mund. Er kaute so lange, bis der süße Saft der Kräuter seinen Mund füllte. Dann spuckte er auf die unterste Sprosse der Leiter. Sofort verschwanden alle scharfen Teile.

Er kletterte sehr lange, bis er zum Dach vom Haus der Adler kam. Die Tür dort war allerdings wie die Leiter mit scharfen Felsstücken und Feuersteinen bedeckt. Er spuckte noch etwas von dem Kräutersaft auf die Tür und sogleich fielen die Steine mit den scharfen Kanten ab.

Er trat in das Haus der Adler und zu seiner großen Überraschung saßen dort Menschen wie er und seine Familie.

Die Federkleider der Adler hingen an Kleiderhaken an den Wänden. Ein gut aussehender Mann kam auf Taoh zu. Plötzlich erkannte der Junge, dass der Mann sein Freund war, sein Adler, den er sich als Haustier gehalten hatte.

„Es tut mir leid, dass ich so lange fortgeblieben bin", sagte der Adler. „Als ich zurückkam, traf ich eine bezaubernde Adlerdame und verliebte mich auf der Stelle in sie. Wir haben geheiratet und deshalb bin ich nicht zurückgekommen. Ich war so mit anderen Dingen beschäftigt. Komm, ich werde dir etwas zu essen geben. Willkommen in meinem Zuhause."

Taoh blieb einige Zeit bei den Adlern. Er wäre auch länger geblieben, denn er fühlte sich sehr wohl dort. Aber eines Tages kam einer der Alten zu ihm und sagte: „Es wäre besser, wenn du zurückkehren würdest. Deine Eltern und deine Schwester vermissen dich sehr und trauern schon um dich, weil sie glauben, du seist tot."

Taoh ging zu seinem Freund und sagte: „Ich habe mich hier sehr wohl gefühlt, aber es ist Zeit für mich zurückzukehren. Meine Familie ruft nach mir."
Der Adler erwiderte: „Klettere auf meinen Rücken, ich werde dich zurückbringen."
Taoh kletterte auf den Rücken des Adlers und sogleich sausten sie hinunter durch die Wolken und zu Taohs Haus. Als sie dort ankamen, stand den Menschen vor Überraschung der Mund offen, als sie sahen, wie der Junge auf dem Rücken des Adlers durch die Lüfte glitt. Aber sie waren sehr froh, nicht nur, dass der Junge wieder zurück war, sondern auch, weil er viele Geschenke von den Adlern mitgebracht hatte. An diesem Abend gab es ein großes Fest, denn die Familie von Taoh hatte gedacht, ihr Junge sei tot.

Seit dieser Zeit hat Taoh nie mehr einen Adler als Haustier gehalten und auch nicht mehr versucht, einen Adler einzufangen. Nun wusste er nämlich, dass jeder Adler unter seinem Federkleid genauso war wie er selbst.

Pueblo-Dorf

Benötigtes Material

Pappkartons in verschiedenen Größen;
ein großes Stück Pappe; Maismehl oder Sand;
schwarzer Tonpapier;
Bastelstäbchen oder Holzdübel;
schwarze und braune Plakafarbe;
Pinsel; weißer Klebstoff;
Schere.

So wird's gemacht!

1. Die Pappkartons werden der Größe nach auf das Pappstück gestapelt und festgeklebt.
2. In die Dächer werden Türöffnungen eingeschnitten.
3. Die Schachteln werden braun angemalt. Man streut Sand oder Maismehl über die Schachteln, so lange die Farbe noch nicht trocken ist, damit das Haus aussieht als wäre es aus ungebrannten Lehmziegeln.
4. Aus Holzdübeln oder -stäbchen werden Leitern gebastelt und schwarz angemalt.
5. Aus schwarzem Tonpapier schneidet man ‚Fenster' und ‚Türen' aus und klebt sie auf die Kartons.

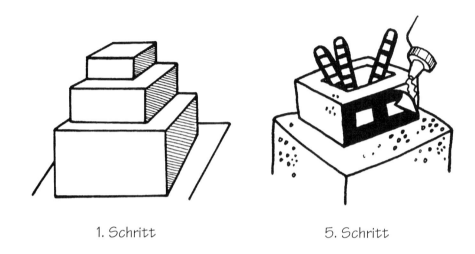

1. Schritt   5. Schritt

Zusätzliche Informationen

• Die Menschen, die in einem Pueblo wohnten, gelangten in ihr Haus über ein Loch in ihrem Dach, zu dem sie mit Hilfe einer Leiter kamen. Die Leiter konnte weggenommen werden, um Feinde am Eintritt zu hindern. Einige Pueblos im Südwesten Amerikas wurden schon vor Jahrhunderten gebaut. Viele Menschen, die heute darin wohnen, leben noch wie ihre Vorfahren. Eine Familie, die in einem der Häuser oder der Wohnungen eines Pueblos wohnt, umfasst über die Eltern und Kinder hinaus auch die Onkel, Tanten und Großeltern. Diese Häuser aus ungebrannten Lehmziegeln bleiben im Sommer angenehm kühl und im Winter halten sie die Wärme. Einige Pueblos wurden auf einem Tafelberg oder der flachen Kuppe eines Berges errichtet, was den Bewohnern einen noch größeren Schutz vor Feinden bot.

Die himmlischen Mädchen

Diese Geschichte aus den Nördlichen Waldländern erzählt die Geschichte eines hübschen, jungen Mannes, der ein zauberhaftes Mädchen aus dem Himmel für sich gewinnt.

Junger Falke war der ganze Stolz seiner Eltern. Er sah gut aus und hatte eine athletische Figur und viele junge Mädchen seines Stammes wünschten sich, er würde sie eines Blickes würdigen. Aber leider verbrachte Junger Falke seine Tage mit der Jagd in den Wäldern. Er schien sich gar nichts daraus zu machen, dass die Augen der schönen Mädchen ihm nachschauten, wann immer er durch das Dorf ging. Viele Eltern wünschten sich, er würde ihre Tochter heiraten.

Eines Tages, als Junger Falke im Wald jagen war, verließ er den Schutz der Bäume und ging über die Prärie. Dort erblickte er etwas, was ihn sehr verwunderte. In der Mitte der Grasfläche befand sich ein Ring, wo das Gras vollständig heruntergetreten war, als wären kleine Füßchen immer wieder darüber gelaufen.
„Was mag das nur sein?", fragte er bei sich. „Der Boden dort ist so weich, man könnte meinen, es sei ein Pfad, auf dem Elfen mit ihren Füßchen entlanggelaufen sind. Aber man kann nicht ausmachen, wie jemand zu dem Ring hin oder von diesem Ring weggelaufen ist. Ich muss herausbekommen, was das ist. Ich werde nicht schlafen können, bevor ich es nicht weiß."

Er war so wild entschlossen herauszubekommen, wie der Ring an diese Stelle kam, dass er sich hinter ein paar Bäumen versteckte und warten wollte, bis etwas passierte.

Aber es dauerte nicht lange, denn kurz nachdem er sich hingelegt hatte, hörte er leise, ätherische Musik, wie er sie noch nie zuvor gehört hatte. Als die Musik erklang, kam ein großer Korb mit zwölf Mädchen, die so schön waren wie nichts, was er bisher gesehen hatte, langsam vom Himmel herunter. Vor seinen Augen öffnete eine junge Frau eine Tür im Korb und die Mädchen schwebten aus dem Korb und begannen, im Kreis zu tanzen.

Junger Falke war bezaubert. Sofort stieg ihm die Musik und der Anblick der Mädchen zu Kopf. Er verliebte sich auf der Stelle in die jüngste Tänzerin. Er sprang auf, rannte zu dem Korb und streckte seine Hand nach dem Mädchen aus.

Aber die Tänzerinnen sahen ihn kommen und kletterten überstürzt zurück in den Korb, der sich in die Luft erhob, kurz bevor er den Ring erreichte, auf dem sie gerade eben noch getanzt hatten.

„Die Jüngste von ihnen muss meine Frau werden!", sagte Junger Falke laut. „Sie ist ohne jeden Zweifel das schönste Mädchen, das ich jemals gesehen habe." Und er dachte sich einen Plan aus, was als Nächstes zu tun sei.

Am folgenden Tag verwandelte er sich mit einem Zauberspruch in ein Opossum und wartete am Waldrand. Wie am Tag zuvor kamen die Mädchen bald vom Himmel herab und landeten in dem Ring. Langsam und vorsichtig, um sie nicht wie am Vortag zu erschrecken, watschelte Junger Falke los in Richtung Korb, immer noch in seiner Verkleidung als Opossum.

Aber das jüngste Mädchen erblickte ihn und rief: „Dieses Tier war gestern noch nicht da. Wir müssen schnell fort!"

Und bevor Junger Falke wieder sein normales Ich annehmen und die Hand nach dem Mädchen ausstrecken konnte, waren sie schon in den Himmel aufgestiegen.

„Ich muss unbedingt die Jüngste von ihnen zu meiner Frau machen!", hielt Junger Falke an seiner Idee fest. „Ich kann nicht ruhen, bis sie mein ist."

Am nächsten Morgen versuchte er eine andere Taktik. Ein alter, hohler Baumstamm im Wald war das Zuhause einer Familie von Feldmäusen geworden. Junger Falke trug den Baumstamm aus dem Wald zu der Wiese und verwandelte sich in eine Maus. Bald, genau wie an den Tagen zuvor, kamen die Mädchen wieder in ihrem großen Weidenkorb herunter.

Aber als sie gerade landeten, sagte die Jüngste: „Dieser Baumstamm war vorher nicht da! Wir müssen schnell fort!"

Diesmal war Junger Falke aber darauf vorbereitet, rechtzeitig einzugreifen. Er verwandelte sich wieder zurück in sein wahres Ich und streckte die Hand nach dem jüngsten Mädchen aus. Er zog sie genau in dem Augenblick aus dem Korb, als dieser vom Boden abhob und sich ohne sie entfernte.

„Ich liebe dich", sagte er. „Bitte werde meine Frau." Das Mädchen fing zu weinen an. „Was hast du getan?", sagte sie. „Meine Schwestern und ich kommen aus der Himmelswelt. Ich gehöre nicht hierhin."

„Bitte weine nicht", bat Junger Falke das Mädchen. „Ich werde gut zu dir sein und immer für dich sorgen. Wenn du mich heiratest, wird es dir nie an etwas fehlen."

Allmählich verebbten die Schluchzer des Mädchens, als sie merkte, dass Junger Falke ein guter und freundlicher Mensch war. Schon nach kurzer Zeit erklärte sie sich bereit, ihn zu heiraten. Das Paar war eine Zeitlang glücklich. Schließlich bekamen sie einen Sohn.

Eines Tages dann heckte die junge Frau einen Plan aus, um in ihr himmlisches Zuhause zurückzukehren. Jeden Tag, wenn Junger Falke zum Jagen fort war, flocht die junge Frau heimlich an einem Korb. Als sie fertig war, setzte sie sich und ihren Sohn hinein und gemeinsam schwebten sie hinauf in den Himmel. Sie war sehr glücklich, als sie wieder zu Hause bei ihren Eltern und Schwestern ankam. Aber nach einiger Zeit bat ihr Sohn sie, auf die Erde zurückzukehren, denn er vermisste seinen Vater. „Geh mit deinem Kind", sagte der Sternenvater des Mädchens. „Bring deinen Mann mit und lasst uns hier zusammen leben.

Sag ihm, er soll von jedem Vogel und jedem anderen Tier, das er bei der Jagd erlegt hat, etwas mitbringen."

Die junge Frau nahm ihren Sohn und kehrte zurück auf die Erde. Junger Falke war außer sich vor Freude, seine Frau und seinen Sohn zu sehen, denn er hatte schon befürchtet, dass er sie nie wiedersehen würde.

„Mein Vater lädt dich ein, mit uns in den Himmel zu kommen und dort zu leben", erklärte die junge Frau ihrem Mann. „Und er möchte, dass du etwas von jedem Vogel und jedem anderen Tier mitbringst, das du bei der Jagd erlegt hast."
Junger Falke suchte sofort viele unterschiedliche Vögel und Tiere. Er nahm von jedem Tier etwas, einen Flügel, einen Schwanz oder eine Pfote, woran man erkennen konnte, von welchem Tier es stammte. Dann nahmen er und seine Frau ihren Sohn und kletterten in den Korb, der sich langsam in die Luft erhob.
Der Häuptling der Sterne war so begeistert, seine Tochter und seinen Enkel zusammen mit dem Jungen Falken in den Himmel zurückkehren zu sehen, dass er ein großes Fest veranstaltete. Er gab jedem Gast eines der Geschenke, die Junger Falke von der Erde mitgebracht hatte. Die Gäste waren ganz verwirrt, denn einige bekamen einen Flügel, andere einen Schwanz und manche eine Pfote.

Die, die einen Schwanz oder eine Pfote erhalten hatten, verwandelten sich in Tiere und rannten augenblicklich zurück zur Erde. Die, die einen Flügel erhalten hatten, wurden zu Vögeln und flogen davon. Junger Falke wählte eine Feder von einem weißen Falken, ebenso wie seine Frau und sein Sohn. Sie verwandelten sich in weiße Falken, breiteten ihre Flügel aus und flogen wieder hinunter auf die Erde. Dort leben sie bis heute in Freiheit und Anmut, wie man sie von diesen wunderbaren Vögeln kennt, glücklich zusammen.

Katzenwiege

Benötigtes Material
Ein Wollfaden von 1 m Länge.

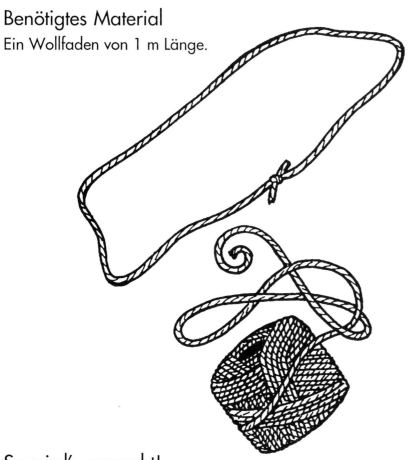

So wird's gemacht!
1. Die Enden des Wollfadens werden zusammengeknotet. Man beginnt damit, den Faden in Schlaufen um die Daumen und die kleinen Finger zu legen.
2. Der rechte Mittelfinger wird unter den Faden der linken Hand und der linke Mittelfinger unter den Faden der rechten Hand geführt.
3. Jetzt muss man die beiden Hände auseinanderziehen, damit die Schnurverstrebungen so aussehen wie auf der Abbildung zu Schritt drei.

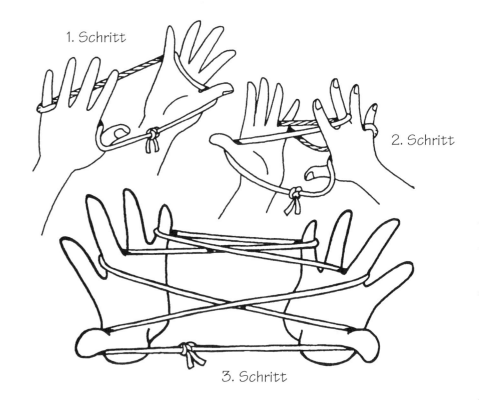

Zusätzliche Informationen
- Es gibt viele Indianer, die das Fadenspiel Katzenwiege spielen, das sehr einfach ist, da man dazu nur einen Faden braucht. Es gibt viele Versionen dieses Spiels, einige von ihnen sind ziemlich kompliziert. Auf der nächsten Seite folgt eine Variante, die ein bisschen komplizierter als die oben beschriebene ist.

Fischspeer

Benötigtes Material
Ein Wollfaden von 1 m Länge.

So wird's gemacht!
Man sollte aufmerksam den Richtungsangaben auf den Bildern folgen.

1. Man beginnt damit, den Faden in Schlaufen um die Daumen und die kleinen Finger zu legen.
2. Mit dem rechten Zeigefinger geht man unter die Schlaufe auf der linken Hand.
3. Beim Auseinanderziehen wird der Faden zweimal um sich selbst gedreht.
4. Nun geht man mit dem linken Zeigefinger durch die Schlaufe um den rechten Zeigefinger und unter die Schlaufe über der rechten Handfläche. Dann werden die Hände auseinandergezogen.
5. Die Schlaufen um den Daumen und kleinen Finger der rechten Hand lässt man los. Der rechte Zeigefinger wird nach hinten gezogen, um das Fadenbild straff zu ziehen.
6. Die drei Schlaufen stellen die drei Zacken eines Fischspeers dar und die lange Schlaufe ist der Speer selbst.

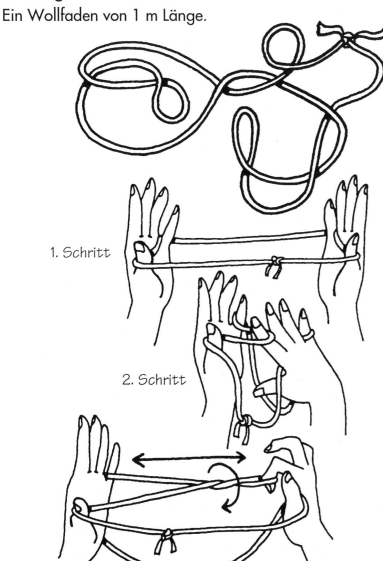

1. Schritt

2. Schritt

3. Schritt

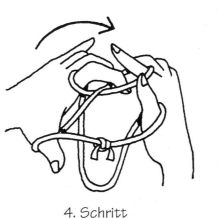

4. Schritt

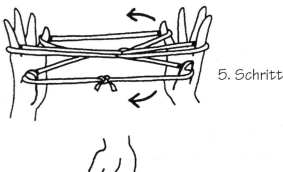

5. Schritt

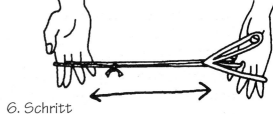

6. Schritt

Die Geisterfrau

In einigen Stämmen ist es verboten, mit den Toten zu reden oder den Namen eines Toten auszusprechen. In dieser Geschichte bekommt ein junger Mann eine bittere Lektion darüber erteilt, was passieren kann, wenn man mit einem Toten zu vertraut wird.

Es war einmal ein junger Mann, der viel Zeit alleine in den Wäldern verbrachte. Er liebte seine Leute und war gerne mit ihnen zusammen, aber ganz ruhig und zu Hause fühlte er sich nur im Wald mit den Tieren, die ihm manchmal Gesellschaft leisteten, wenn er vor sich hinträumte.

Einige behaupteten, dass sich sogar die Bären und Wölfe manchmal zu ihm gesellten. Einmal hatte man mehrere Hirsche beobachtet, die ruhig neben ihm standen, während er sie berührte und streichelte, obwohl sie unruhig wurden, wenn sich ihnen ein Fremder näherte.

Manche glaubten, der junge Mann könne die Sprachen der verschiedenen Tierstämme sprechen.

Wenn er durch die Wälder ging, antworteten die Vögel auf sein Rufen und sogar die Schmetterlinge flatterten um ihn herum, als könnten sie seine Gedanken lesen.

Eines Tages, als er auf einer Frühlingswiese lag, sah er eine bezaubernde junge Frau vor sich. Er war überrascht und hatte sogar ein bisschen Angst, denn er wusste, dass es sich um ein wunderschönes und sanftes Mädchen aus seinem Dorf handelte, das vor kurzem gestorben war. Ihr Tod hatte das ganze Dorf mit großer Trauer erfüllt.

Der junge Mann hatte das Mädchen oft durch das Dorf schlendern sehen. Im Stillen hatte sie ihn geliebt, aber vergeblich, denn er war mehr an seinen Waldtieren interessiert. Aber als sie jetzt mit gesenktem Blick vor ihm stand und er ihre reine Schönheit im Gesicht sah, spürte er, wie die Liebe seine Seele durchflutete. Er wollte sie zur Frau haben, aber der Gedanke machte ihn schaudern. „Es wird unmöglich sein, sie nun zu heiraten", dachte er traurig, „denn sie ist ein Geist", und er wandte sich ab.

Das Mädchen lächelte, als könnte sie seine Gedanken lesen, und verschwand dann.

Nach diesem Vorfall hielt sich der junge Mann mehr denn je in den Wäldern auf, denn das Mädchen besuchte ihn dort. Er baute ihr einen Unterschlupf aus Kieferästen und dort nähte sie seine Mokassins und kochte ihm seine Lieblingsgerichte. Dann saßen die beiden schweigend am Lagerfeuer.

Nach einiger Zeit war das dem jungen Mann nicht mehr genug und er bat sie, als seine Frau mit ihm ins Dorf zurückzukommen. „Bitte komm mit mir zurück zum Dorf", flehte er sie an. „Ich möchte, dass sie sehen, wie glücklich ich mit dir bin." Schließlich antwortete sie ihm zögernd, weil sie Angst hatte, als Geist in das Dorf zurückzukehren: „Ich gehe mit dir, aber nur, wenn du mir drei Dinge versprichst. Erstens muss unser Wigwam ein Stück abseits vom Rest des Dorfes aufgestellt werden. Zweitens kann ich nur nachts andere Leute besuchen. Und drittens darfst du nie im Zorn deine Stimme gegen mich oder ein Kind in meiner Nähe erheben."

„Oh ja!", sagte der junge Mann. „Ich verspreche es von ganzem Herzen!"

Eines Tages kehrte er dann mit seiner Frau ins Dorf zurück. Die Menschen im Dorf dachten schon bald nicht mehr darüber nach, obwohl sie sich wunderten, warum er so weit außerhalb des Dorfrings wohnte.

In der Ferne konnten sie eine anmutige junge Frau um den Wigwam herumlaufen sehen, die manchmal in den Wald ging, um Feuerholz zu sammeln, oder Wasser holte. Aber jedes Mal, wenn sich jemand ihr näherte, um sie anzusprechen, war sie plötzlich verschwunden.

Nachts jedoch, wenn alle im Wigwam waren, war sie immer da, lächelte freundlich und anmutig und bediente die Gäste. Der junge Mann erklärte, dass sich die Menschen, bei denen sie aufgewachsen war, so verhalten hätten. Nach einer Weile schlossen die Dorfbewohner die mysteriöse junge Frau in ihr Herz.

Die beiden lebten glücklich viele Winter hindurch. Schließlich bekamen sie ein Mädchen und einen Jungen. Es schien eine perfekte Ehe zu sein, als hätte der Große Geist selbst sie geschlossen.

Eines Abends aber kam der junge Ehemann enttäuscht von einer erfolglosen Jagd nach Hause. Er war müde und hungrig und sein jüngstes Kind begann zu schreien. Nichts konnte das Baby beruhigen und in seiner Verzweiflung vergaß er das dritte Versprechen und befahl dem Kind wütend, ruhig zu sein.

Sofort erlosch das Feuer, und der Wigwam und seine Familie waren verschwunden. Als er das Feuer wieder anzündete, sah der junge Mann, dass er allein war. Viele Monde lang suchte er mit Tränen in den Augen nach seinen Lieben, aber er konnte sie nirgendwo finden. Seine schroffen Worte hatten sie für immer vertrieben!

Angelköder

Benötigtes Material

Angelhaken; Angelschnur; kleine Federn;
kleine Muscheln (wahlweise);
2,5 bis 5 cm großes Stück Maiskolben;
ein Stein oder ein kleines, mit Kieseln gefülltes Säckchen.

So wird's gemacht!

1. Man bindet ein Stück Angelschnur an den Haken und befestigt einige Federn darum.
2. In eine Muschel wird ein Loch gebohrt und die Schnur durchgezogen. Die Angelschnur wird oberhalb und unterhalb der Muschel verknotet, um sie als Spinnköder zu befestigen.
3. Als Senkgewicht knotet man einen Stein von ca. 5 cm Größe über den Spinnköder.
4. In die Mitte des Maiskolbenstücks wird ein Loch gebohrt. Dann zieht man es auf die Angelschnur und verknotet es einige Zentimeter oberhalb des Senkgewichts als Schwimmer.

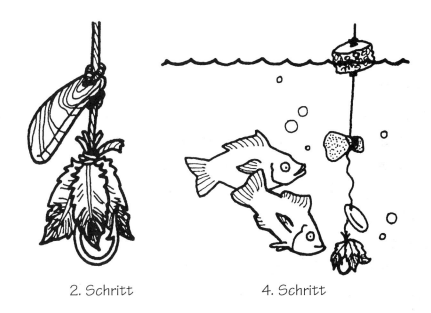

2. Schritt   4. Schritt

Zusätzliche Informationen

• Die meisten Indianer Nordamerikas, vom Nordwest-Pazifik bis zum Waldland im Osten, essen Fisch und fangen ihn auf unterschiedliche Art und Weise. Manche Menschen benutzen dazu Angelschnur und Haken, während andere Fallen aus Stöcken und handgeknüpften Netzen verwenden. Manchmal baut man einfach nur Dämme, um die Fische dahin zu leiten, wo die Angler fischen. Das funktioniert besonders gut, wenn man Lachse fängt, die flussaufwärts schwimmen. Mitunter werden Fische auch in Körben gefangen. Gelegentlich gelingt es auch, den Fisch im Wasser mit den Händen zu schnappen. Dafür muss man aber sehr schnell und treffsicher sein. Fischköder können außerdem Insekten, Fischeier oder kleine Fleischstücke sein.

Heldengeschichten

Die meisten Völker haben Helden. Ein Held ist eine Person, Mann oder Frau, die für die Eigenschaften steht, die die Menschen für besonders wichtig halten. Manche Menschen sind Helden, weil sie stark und mutig sind. Manche sind Helden, weil sie große Taten vollbracht haben. Ein Held der Prärie-Indianer war ein hervorragender Krieger, der mutig kämpfte und gleichzeitig freundlich und großzügig anderen gegenüber war. Ein Held aus den Südöstlichen Waldland war ein großer Jäger, der seine Beute mit den weniger Erfolgreichen teilte. Einen besonderen Typ von Held nennt man kulturbringenden Held, weil er den Menschen Ideen und Regeln liefert, nach denen sie ihr Leben leben. Es gibt viele Arten von Helden. Wer ist für die Kinder ein Held?

Die Büffel rufen

Für die Prärie-Indianer ist der Büffel ein fantastisches Tier. Von ihm bekommen sie fast alles, was sie brauchen, um ein bequemes und glückliches Leben zu führen. Nachdem die Büffel schwerer zu finden waren, weil die Weißen anfingen, sie in großen Mengen zu töten, fürchteten einige der Älteren, die Büffel wären zurück in das Loch unter die Erde gegangen. Die Menschen glaubten, dass die Büffel dort gelebt hatten, bevor sie auf die Erde kamen, um den Menschen zu helfen. Die Indianer verwendeten manchmal magische oder mystische Mittel, um die Büffel zurück in die Prärie zu locken. Diese Geschichte der Pawnee handelt von einem Helden, der es geschafft hat, die Büffel zurückzurufen, als die Menschen sie brauchten.

Eines Winters vor langer Zeit, bevor die Weißen kamen, zogen einige Jäger los, um Büffel zu jagen. Aber sie konnten über einen langen Zeitraum hinweg keine Tiere finden. Die Menschen hungerten und die Kinder weinten. Obwohl die Jäger in jeder Richtung suchten, konnten sie nichts finden.
Ein Mann im Dorf sah, wie die Kinder vor Hunger weinten und sein Herz wurde schwer vor Mitleid mit ihnen. Diese Menschen waren so arm. Er wollte ihnen helfen, deshalb ging er zu den Häuptlingen des Stammes und sagte zu ihnen: „Baut für mich eine neue Erdhütte außerhalb des Dorfes und ich werde alles tun, was in meiner Macht steht, um die Büffel zurückzuholen."
Die Menschen waren verzweifelt und taten, worum er sie gebeten hatte. Tagsüber blieb er immer im Dorf, aber nachts verschwand er.

Wenn andere ihn in seinem Wigwam besuchten, holte er ein kleines Stück Fleisch heraus und reichte es herum. Obwohl das Stück so klein war, war es immer genug, um den Hunger aller Anwesenden zu stillen.

Der Häuptling ritt jeden Tag durch das Dorf und erzählte den Menschen, dass dieser Mann die Büffel für sie zurückrufen würde, deshalb brachten die Menschen ihm viele Geschenke. Sie versammelten sich in der neuen Erdhütte, die sie für ihn gebaut hatten, und er sagte zu ihnen: „Ihr habt mir viele schöne Geschenke gebracht. Ich möchte sie dem geben, der mir Kraft schenkt. Dann werde ich vier Tage lang jeden Tag fortgehen, aber ich werde jeden Abend zurückkehren. Am Ende dieser Zeit wird Hilfe kommen."

Er ging jeden Tag fort an einen weit entfernten Ort und kam jeden Abend zurück, genau wie er es vorausgesagt hatte.

Am Ende dieser vier Tage sagte der Mann zu den Menschen: „Die Büffel sind jetzt sehr nah. Ich werde hinaufgehen auf den Hügel und ein Opfer darbringen. Wenn ihr den ersten Büffel seht, tut ihm nichts. Lasst ihn weitergehen. Wartet nur ab und seht zu."

Am nächsten Morgen gingen alle Menschen hinaus, um zu warten und zu sehen, was passierte. Schon bald kam ein riesiger Büffel über den Hügel.

„Tut ihm nichts", sagte der Mann. „Er führt seine Herde an und die anderen werden ihm folgen."

Er rief die Häuptlinge zusammen. „Wählt vier Jungen unter den Kindern aus und sagt ihnen, sie sollen sich auf den Hügel stellen, von wo ihr den Büffel gesehen habt."

Die Jungen wurden fortgeschickt und schon bald kamen sie mit der Neuigkeit zurück, dass eine große Büffelherde jenseits des Hügels war.

Der Häuptling ritt durch das Dorf und sagte allen Männern Bescheid, dass sie sich für die Jagd vorbereiten sollten. Der Häuptling sagte zu ihnen: „Lasst keine Reste der Tiere auf dem Boden zurück. Bringt alles zurück ins Dorf. Wir werden mit den besten Stücken ein Fest veranstalten."

Bald kamen die Büffel über den Hügel und die Jäger umrundeten sie, wie man es früher tat, bevor man Pferde hatte, mit denen die Büffel gejagt wurden. Sie bildeten einen Kreis um die Tiere und näherten sich ihnen langsam. Dann töteten sie so viele Tiere, wie sie konnten. Sie nahmen den ganzen Körper der Tiere mit nach Hause und feierten jeden Abend ein Fest wie am ersten Tag.

„Der Grund, warum wir das auf diese Weise tun", erinnerte der Mann die Dorfbewohner, „ist, dass Tarawa, der Große Geist, es nicht mag, wenn wir Essen verschwenden. Diese Tiere haben ihr Leben gelassen, damit wir leben können, und deshalb müssen wir sinnvoll mit ihnen umgehen."

Jeden Abend wenn die Leute ihr Festmahl abhielten, verschwand der Mann wie zuvor. Nach weiteren vier Tagen sagte er zu den Menschen: „Morgen werden wieder Büffel kommen. Tötet nicht ein junges, gelbes Kalb oder seine Mutter."

Dreimal umstellten die Jäger die Herde, aber jedes Mal ließen sie das gelbe Kalb und seine Mutter am Leben. Die Menschen wussten, dass dieser Mann ganz besondere Fähigkeiten hatte, denn er hatte die Büffel zu ihnen gebracht, deshalb brachten sie ihm noch mehr Geschenke. Aber er wollte die Geschenke nicht. Die Frauen trockneten das Fleisch, damit sie genug für den Winter hatten.

Vier Tage nach dem dritten Umzingeln rief der Mann die Menschen wieder zusammen. „Morgen werden die Büffel noch einmal kommen. Auch diesmal sollt ihr wieder so viele Büffel töten wie ihr könnt, denn bis zum Winter werdet ihr keine Büffel mehr sehen."

Sie sahen wie der Mann mit einem Stab den Hügel hinaufging, an dem die Haut eines Fuchses gebunden war. Die Büffel rannten los und die Menschen konnten sie nicht erwischen. Der Mann winkte mit dem Stab und rief den Büffeln etwas zu. Auf der Stelle rannten sie zurück zu den Menschen. Die Menschen umstellten die Büffel zum vierten Mal und töteten so viele Tiere, wie sie konnten. Der Mann zeigte ihnen, wie sie das trockene Fleisch in die Pansen füllen und kochen konnten. Wenn sie seinen Anweisungen folgten, konnten sie so viel essen, wie sie wollten und hatten immer noch genug. Es würde immer etwas Fleisch übrig bleiben.

Der Mann war jung und nicht verheiratet. Die Menschen hatten große Ehrfurcht vor ihm, denn er besaß außerordentliche Kräfte. Sie dachten, er solle heiraten, deshalb gingen sie zu den Häuptlingen und wünschten, dass er eine Häuptlingstochter heiratete. Sie wollten, dass er viele Kinder bekäme.

Denn so würde vielleicht eines der Kinder etwas von den Kräften des Vaters erben. Der Mann jedoch bekam keine Kinder.

Zwei Winter lang rettete er die Menschen vom Hungertod, indem er die Büffel rief und sie zu den Leuten trieb, damit sie sie töten konnten. Er starb, als er ein sehr alter Mann war. Alle Menschen trauerten um ihn, denn sie wussten, dass es nie wieder so einen wie ihn geben würde. Das ist eine wahre Geschichte, die über viele Generationen hinweg von Eltern an ihre Kinder weitergegeben wurde.

Entenköder

Benötigtes Material

Ein langer Streifen aus dickem, braunen Papier, ca. 5 cm breit; Kordel; Schere; Wanne oder Waschbecken mit Wasser.

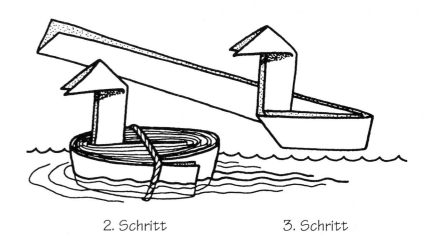

2. Schritt   3. Schritt

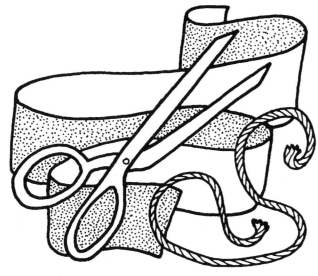

So wird's gemacht!

1. Der Papierstreifen wird einmal längs geknickt, sodass er 2,5 cm breit ist. Für den Kopf wird eine Ecke wie in der Zeichnung dargestellt quer abgeschnitten.
2. Die abgeschnittene Ecke wird diagonal gefaltet, um einen Kopf zu erhalten. 5 cm unterhalb dieses ersten Knicks wird das Papier noch einmal für den Hals gefaltet.
3. Für den Körper wird der Papierstreifen spiralförmig immer weiter aufgewickelt, bis der Körper ca. 5 cm dick ist. Jetzt kann er mit einer Kordel zusammengebunden werden.
4. Nun kann man den Köder in eine Wanne oder in ein volles Waschbecken setzen. Schwimmt er?

Zusätzliche Informationen

• Die Indianer, die in den Nördlichen Waldländern lebten, hatten Wasser im Überfluss von den vielen Seen und Flüssen. Deshalb bestand ihre Nahrung aus vielem, was im oder am Wasser lebte, Enten eingeschlossen. Einige Indianer stellten kunstvolle Entenköder her, um die Aufmerksamkeit der Wildenten zu wecken, die darüber hinweg flogen. Wenn die Enten herunterkamen, um die seltsam aussehenden Enten zu untersuchen, erlegten die Jäger sie mit Pfeil und Bogen. Am gleichen Abend gab es dann Ente zum Abendessen. Die Entenköder, die die Menschen herstellten, waren richtige Kunstwerke. Einige waren geschnitzt; andere mit Federn ausgestopft. Bedeckt waren sie meist mit Federn, Farbe oder Binsen. Heute nehmen einige Indianer aus Spaß für sich in Anspruch, die ersten Froschmänner der Welt gewesen zu sein, denn sie benutzten zum Atmen unter Wasser hohle Schilfrohre als Schnorchel. Mit dem Schilfrohr näherten sie sich den schwimmenden Enten unter Wasser. Dann ergriffen sie eine Ente am Fuß und zogen sie unter Wasser. Diese Menschen hatten dann einen Entenbraten, ohne einen einzigen Pfeil abgeschossen zu haben.

Parfleche

Benötigtes Material

Braunes Packpapier; Schere;
Buntstifte, Farben und Pinsel
oder Wachsmalstifte;
Lochzange;
Tesafilm;
Garn.

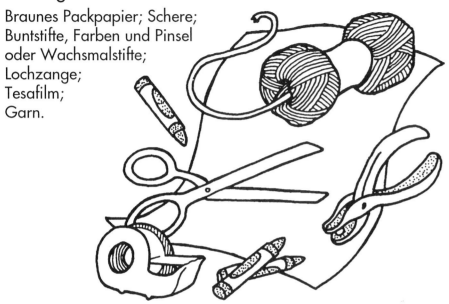

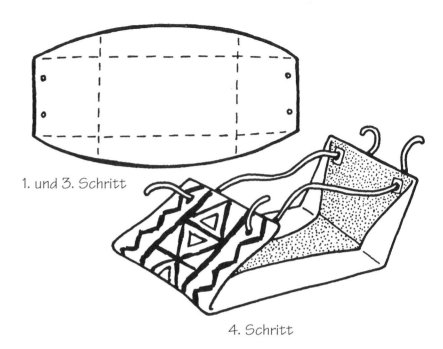

1. und 3. Schritt

4. Schritt

So wird's gemacht!

1. Das braune Packpapier wird entsprechend der Darstellung unten ausgeschnitten.
2. Dann kann man es mit Bunt- oder Wachsmalstiften bzw. Pinsel und Farben mit Symbolen oder Mustern bemalen.
3. In die Enden werden entsprechend der Skizze jeweils zwei Löcher gestanzt. Nachdem man die Löcher mit Tesafilm verstärkt hat, kann man Garn hindurchziehen.
4. Das Papier wird – wie unten dargestellt – gefaltet und die Fäden zusammengezogen. So wird der Vorratsbehälter, Parfleche genannt, geschlossen.

Zusätzliche Informationen

• Die Indianerfrauen stellten diese wunderschönen und praktischen Vorratsbehälter her, in denen sie trockenes Fleisch und andere Lebensmittel aufbewahrten. Die Frauen haben Parfleches aus starker, ungegerbter Büffelhaut hergestellt und wunderschön mit den Mustern des jeweiligen Stammes bemalt. Diese Behälter waren strapazierfähig und hielten sehr lange. Sie konnten einfach auf die Travois oder seitlich am Pferd festgeschnallt werden, um die Nahrung einer Familie von einem Lagerplatz zum nächsten zu transportieren. Wenn ein Lager aufgestellt war, wurden die Parfleches hinter die Rückenlehnen am Fuß- oder Kopfende eines Bettes aus Büffellederdecken gelehnt. Mit den aufgemalten Mustern trug es so ein bisschen zur Schönheit und zum Luxus im Inneren der Tipis bei.

Glooscap und das Baby

Außer den Fischern im Nordwesten erzählen die meisten Indianer Geschichten über einen Helden, der ihnen ihre Überzeugungen und ihre Lebensweise gebracht hat. Mitunter nennen wir diese Helden ‚kulturbringende Helden', denn er oder sie gaben den Menschen ihre Kultur und lehrten sie, wie sie leben sollten. Glooscap war ein kulturbringender Held für die Menschen in den Nördlichen Waldländern.

Glooscap war ein großer Held seines Volkes. Er wuchs viel schneller als die normalen Menschen. Nach seiner Geburt wurde er in nur wenigen Monaten ein Mann. Er tat fantastische Dinge, nur um den Menschen seine Kraft zu demonstrieren. Vieles hat er in dieser Welt vollbracht und sogar das Wassermonster besiegt, das den Menschen das ganze Wasser gestohlen hatte.
Es wäre schön, wenn man sagen könnte, dass Glooscap trotz seiner Leistungen bescheiden geblieben wäre, wie es sich für einen Helden gehört, aber leider ist das nicht der Fall. Als die Jahre vergingen und Glooscap immer mehr wundersame Taten vollbrachte, wurde er stolz und eitel wegen der Dinge, die er geleistet hatte.
„Ich bin der Stärkste und der Größte auf der ganzen Welt", konnte man ihn mehr als einmal sagen hören. „Kein anderer kann die Dinge tun, die ich tue. Niemand sonst ist so mächtig!"

Dem einen oder anderen ging sein Protzen und Prahlen mitunter auf die Nerven, aber niemand sagte es ihm. Bis zufällig eines Tages eine kleine alte Frau seine Prahlerei mitbekam.

„Ich kenne jemanden, der dich schlagen kann", sagte sie ein bisschen zögerlich, denn sie hatte ziemliche Angst.

„Was?", brüllte Glooscap sie an. „Niemand ist stärker als ich! Kein Mensch auf dieser Erde kann mich schlagen! Ich bin der größte Held aller Zeiten!"

„Es stimmt schon, dass du sehr stark bist, und es stimmt, dass du viele großartige Dinge getan hast. Trotzdem kenne ich jemanden, der dich schlagen kann", beharrte sie.

„Ich glaube dir nicht", rief Glooscap aus. „Das musst du mir schon beweisen!"

„Das werde ich auch", erklärte ihm die alte Dame. „Komm morgen früh kurz nach Sonnenaufgang in mein Haus und ich werde dich dem vorstellen, der dich schlagen kann."

Am nächsten Morgen erschien Glooscap mit großem Getöse vor dem Haus der kleinen, alten Frau. „Zeig mir die Person, die mich schlagen kann!", befahl er.

„Das ist die Person", sagte sie und deutete auf ein kleines Baby, das noch nicht laufen konnte und auf dem Fußboden saß, während es an einem Stück Ahornzucker lutschte.

Glooscap sah schockiert auf das Baby hinunter. „Du meinst, dass dieses kleine Ding stärker ist als ich?", fragte er sie. „Warte nur ab!"

Das Baby sah Glooscap an. Es lächelte nicht, es weinte nicht. Es sagte nur: „Baba!"

„Steh auf!", sagte Glooscap.

Das Baby sagte „Baba!", und blieb regungslos sitzen.

„Antworte mir, wenn ich mit dir spreche!", sagte Glooscap.

Das Baby sagte „Baba!", und blieb regungslos sitzen.

"Sprich mit mir!", befahl Glooscap.
Das Baby lutschte weiter an seinem Ahornzucker und der Sabber lief ihm über das Kinn. Es sagte kein Wort.
"Hmm!", sagte Glooscap mehr zu sich selbst. "Ich muss mir etwas anderes überlegen."
"Ich wette, ich kann dich zum Lachen bringen", sagte er zu dem Baby. "Kille, kille!", und er kitzelte das Baby unter dem Kinn.
Das Baby nuckelte an seinem Ahornzucker. Es lächelte nicht. Es lachte nicht.
Glooscap machte einen Kopfstand. "Hey! Sieh mich an!", sagte er, aber das Baby nuckelte bloß weiter und sagte: "Baba!"
Glooscap wurde allmählich frustriert und wusste nicht mehr, was er noch tun sollte. "Okay, sieh mich an", sagte er und hüpfte mit den Händen unter den Armen durch den Raum.
"Baba!", sagte das Baby nur und nuckelte sabbernd weiter.

"Lass uns Verstecken spielen" rief Glooscap als Nächstes und versteckte sich hinter der Türöffnung. Er steckte seinen Kopf hervor und rief plötzlich: "Buh!"
Das Baby reagierte nicht. Es nuckelte immer nur weiter. Schließlich gab Glooscap auf.

"Du hattest Recht", sagte er zu der alten Frau. "Dieses Kind ist stärker als ich." Er ging mit einem nachdenklichen Gesicht aus dem Haus. Von nun an war Glooscap ein bisschen vorsichtiger bei seiner Prahlerei, denn er war von einem Baby geschlagen worden.

Ahornsirup-Pralinen

Benötigtes Material

80 g weiche Butter oder Margarine; 80 g Ahornsirup;
½ Teelöffel Salz; 450 g Puderzucker;
geschmolzene Schokolade oder
geraspelte Nüsse (wahlweise);
große Rührschüssel;
großer Löffel;
Backblech;
Alufolie.

So wird's gemacht!

1. Alle Zutaten werden in eine Schüssel gegeben und gerührt, bis die Masse sehr dickflüssig und weich ist.
2. Aus dem Teig werden kleine Bällchen von ungefähr 2,5 cm Durchmesser geformt. Eventuell kann man die Pralinen in geschmolzener Schokolade oder geraspelten Nüssen rollen.
3. Die Bällchen werden auf ein mit Alufolie ausgelegtes Backblech gesetzt.
4. Bevor sie gegessen werden, sollten sie trocknen.

1. Schritt   3. Schritt

Zusätzliche Informationen

- Der nordamerikanische Kontinent ist sehr reich an unterschiedlichsten Nahrungsmitteln, darunter befindet sich auch der Zucker, der von den Ahornbäumen im Norden und Nordwesten kommt. Im Frühling sondern die Zuckerahornbäume einen Saft ab, den die Indianer abzapfen, um damit ihre Speisen zu süßen und Naschwerk daraus herzustellen. Mit einer Axt schlug man eine Kerbe in die Rinde des Baums und dann wurde ein Stock in die Kerbe gesteckt. Der Saft lief am Stock entlang und in den Behälter, der unter dem Baum aufgestellt war. Dann wurde der Saft über dem Feuer gekocht, bis er dick und glänzend war. Er wurde zu Zucker gestampft oder in Formen gedrückt. Die Präriestämme aßen als Süßigkeit außerdem eine schaumige Substanz, die sie aus der Rinde der Pyramidenpappel holten.

Sweet Medicine füttert die Menschen

Sweet Medicine ist der kulturbringende Held der Cheyenne. Es gibt viele Geschichten über die großen Taten, die er vollbracht hat, und die Menschen sprechen immer noch mit großem Respekt von ihm. In dieser Geschichte hilft er den Menschen, die Nahrung zu finden, die sie zum Leben brauchen.

Sweet Medicine war fast von Geburt an ein sehr ungewöhnlicher Mensch. Er vollbrachte viele wunderbare Taten, einmal hat er sogar seinen Kopf abgenommen und wieder aufgesetzt. Er tat es vor den Augen der Menschen, daher wissen es alle. Aber als er ins Mannesalter kam, verließ er seine Leute und ging alleine an einen Ort, wo er vier Jahre blieb.

Während der Abwesenheit von Sweet Medicine waren die Menschen nicht in der Lage, Wild zu finden.
Die meiste Zeit aßen sie nur Pflanzen: Pilze, Beeren, Wurzeln und sogar Gras. Aber mit der Zeit wurden sie immer schwächer. Besonders die Kinder litten, denn, wie du sicher weißt, ist es für die Menschen nicht möglich, nur von Gras zu leben.
Eines Tages suchten ein paar kleine Jungen nach etwas Essbarem um einen großen Baum herum. Dort wuchsen einige Pilze. Die Jungen nahmen und aßen sie, denn sie hatten an diesem Tag noch nichts zu essen gehabt. Ein Mann, den sie noch nie gesehen hatten, kam zu ihnen. Den Kindern fiel sofort auf, dass er ein schönes, fein geschnittenes Gesicht hatte.
Der Mann war groß und sein langes, schwarzes Haar fiel über seine Schultern und auf den Rücken.

Seine Zähne waren weiß und gleichmäßig, und
seine großen, dunklen Augen schienen direkt
in die Köpfe der Jungen sehen zu können, wenn er
sie anblickte. Sie hätten Angst vor ihm gehabt,
hätte er nicht so freundlich mit ihnen gesprochen.
„Warum esst ihr Pilze?", fragte der Mann.
„Ihr solltet Fleisch essen."
„Wir haben kein Fleisch und wir sind sehr hungrig",
antwortete einer der Jungen.
„Wie kann das sein?", wollte der Mann wissen.
„Habt ihr denn keine Männer, die jagen können?
Habt ihr keine Frauen, die Pemmikan machen?"
„Wir haben Männer, die jagen können", erwiderte
ein anderer Junge, „aber wenn sie auf die Jagd
gehen, finden sie einfach kein Wild. Und die Frauen
können kein Pemmikan zubereiten ohne Fleisch."
„Dann werde ich euch helfen, aber zuerst
brauche ich eure Hilfe", sagte der Mann zu ihnen.

„Ich möchte, dass jeder von euch ein Hornstück
von einem Büffel sucht und mir bringt."
Die Jungen taten, was der Mann ihnen gesagt hatte.
Als sie die Hornstücke zu ihm brachten, zündete er
ein Feuer an. Er breitete einen Poncho auf dem
Boden aus und legte dann die Hornstücke
auf den Poncho. Er setzte vier Stücke in die vier
Himmelsrichtungen, eins in die Mitte, ein weiteres
in den Osten, wo die Sonne aufgeht, und eins
in den Westen, wo die Sonne untergeht.
Die Jungen waren sehr neugierig, als sie sahen,
wie der Mann den Poncho über die Stücke legte.
Er faltete die Enden des Ponchos zusammen und
die Hornstücke rutschten in der Mitte auf einen
Haufen. Er steckte seine Hand in die Decke und
begann, die Hornstücke zu zerbrechen, sie zu
zerstoßen und zu zermahlen, bis sie nur noch
ganz feines Pulver waren.

Als der Mann die Decke wieder ausbreitete, sahen die Jungen eine große Menge Pemmikan. „Esst", sagte der Mann. „Esst soviel ihr wollt."
Die Jungen stürzten sich hungrig darauf und aßen, bis sie satt waren. Der Mann beobachtete sie lächelnd.
„Nehmt den Rest mit in euer Dorf", sagte der Mann zu den Jungen. „Sagt den Menschen, Sweet Medicine sei zurückgekehrt. Ich möchte, dass sie einen großen Wigwam in der Mitte des Dorfes aufstellen und alles für meine Ankunft vorbereiten. Stellt den Wigwam mit dem Eingang zur aufgehenden Sonne."
Eifrig liefen die Jungen nach Hause. „Sweet Medicine ist zurück", erklärten sie den erstaunten Menschen. „Er hat gesagt, ihr sollt einen großen Wigwam in der Mitte des Dorfs aufstellen und alles für sein Kommen vorbereiten. Er hat gesagt, das Zelt sollte mit dem Eingang zur aufgehenden Sonne stehen."

Zuerst glaubten die Menschen den Jungen nicht, und sie gingen zum Wigwam von Sweet Medicines Bruder. Dort saß Sweet Medicine.
„Ich weiß, dass ihr schon lange hungern müsst, und werde euch helfen", sagte er.
Die erstaunten Leute taten, was Sweet Medicine gesagt hatte. Vier Tage lang blieben alle Tag und Nacht in ihren Wigwams und Sweet Medicine sang. Nach zwei Nächten hörten die Menschen die Büffel näher kommen. Nach der dritten Nacht sahen sie die Büffel in der Ferne. Am Morgen nach der vierten Nacht standen die Büffel im Lager.
„Geht hinaus und tötet so viele Büffel, wie ihr zum Essen braucht", sagte Sweet Medicine zu den Menschen. „Ich werde singen und sie werden so lange stehen bleiben, wie ich singe."
Und genauso war es. Solange Sweet Medicine bei den Menschen lebte, solange hatten sie genug zu essen.

Geschicklichkeitsspiel

Benötigtes Material

Ein Stück dicker, gerader Draht von 15 cm Länge; Kordel oder Schnur; große Holzperlen, Eichelhülsen oder andere hohle Gegenstände.

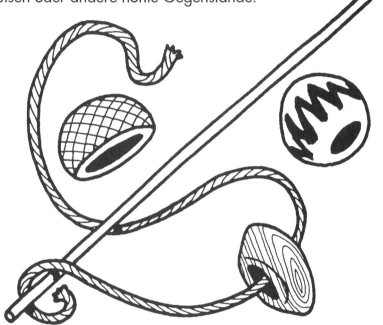

So wird's gemacht

1. An das Ende der Kordel oder Schnur macht man einen Knoten oder eine Schlaufe.
2. Auf die Kordel werden mehrere Perlen, Eichelhülsen oder andere hohle Gegenstände aufgefädelt und bis zu dem verknoteten Ende gezogen.
3. Ein Ende des Drahtes wird zu einer Schlaufe gebogen. Das freie Ende der Schnur verknotet man mit dem Draht.
4. Man spielt, indem man die hohlen Gegenstände schwingen lässt und versucht, sie mit dem Draht aufzufädeln. Wer die meisten der hohlen Gegenstände mit dem Draht fangen kann, hat das Spiel gewonnen.

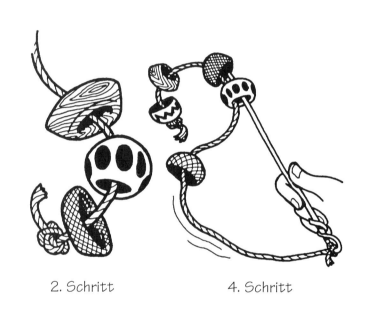

2. Schritt   4. Schritt

Zusätzliche Informationen

• Die meisten Indianer lieben Spiele. Es gibt viele verschiedene Geschicklichkeitsspiele. Dieses hier ist das Lieblingsspiel der Oglala Sioux, des Stammes von Crazy Horse. Das Spiel wurde aus Fußknochenstücken von Hirschen gemacht, die innen hohl sind. Als Kordel verwendete man eine Sehne und als Fangstab ein angespitztes Stück Holz. Das Spiel wurde von Jungen und Mädchen gespielt, mitunter stundenlang.

Gauner-Geschichten

Ein Gauner ist eine Figur in einer Geschichte, die andere austrickst, um ihren Willen durchzusetzen. Oft endet die Situation damit, dass diese Person am Ende der Verlierer ist. Manchmal ist der Gauner nur ein Tölpel, mitunter aber auch ein Betrüger, der richtig hinterhältige Dinge tut, um zu erreichen, was er oder sie von jemandem wollen. Manchmal tut der Gauner auch ungewollt etwas Gutes. Meistens aber steht diese Figur am Ende der Geschichte selbst wie ein Dummkopf da, weil ein anderer noch besser getrickst hat. Die meisten Indianergruppen haben Geschichten über Gauner, die mit großem Spaß und viel Gelächter erzählt werden.

Kojote und der kleine Blaufuchs

Es gibt unzählige Geschichten über Kojote. In vielen Geschichten ist er der Gauner, der versucht, das zu bekommen, was er will, indem er den einfachen Weg geht oder versucht, sein Gegenüber hereinzulegen. Aber egal wie klug er ist, er glaubt alles, was ihm jemand sagt, und die anderen machen sich einen Spaß daraus, ihn zum Narren zu halten.
In dieser Pueblo-Geschichte bringt der kleine Blaufuchs, der immer als sehr clever dargestellt wird, Kojote in große Schwierigkeiten.

Eines Tages schlich der kleine Blaufuchs um das Pueblo, als ihm viele Krähen auffielen, die über die Tenne hüpften. Genau in diesem Moment kam Kojote vorbei und sagte: „Auweh! Mein Magen knurrt! Ich denke, ich werde den kleinen Blaufuchs fressen."
Er ging weiter auf ihn zu und sagte:
„Kleiner Blaufuchs, du bringst mich immer nur in Schwierigkeiten. Du hetzt mir die Hunde auf den Hals und bringst die Menschen dazu, mich zu jagen! Ich habe es satt, deshalb werde ich dich jetzt kriegen und auffressen!"
„Oh nein, Freund Kojote", sagte der kleine Blaufuchs. „Ich mache gar nichts, was dir schaden könnte! Bitte friss mich nicht! Ich bin hier, um diese Hühner zu bewachen", sagte er und deutete auf die Krähen. „Da drüben im Haus ist heute eine Hochzeit und diese Hühner sind für das Hochzeitsessen. Die Leute werden mich gleich zum Essen einladen, dann kannst du mitkommen!"

„Na, wenn das so ist", antwortete Kojote, „werde ich dich nicht fressen, aber ich werde hier bleiben und mit dir auf die Hühner aufpassen." Mit diesen Worten legte er sich neben den kleinen Blaufuchs auf den Boden.

Damit hatte der kleine Blaufuchs nicht gerechnet, deshalb dachte er eine Minute lang nach. „Freund Kojote", sagte er schließlich, „ich verstehe nicht, warum diese Leute nicht schon längst die Hühner geholt haben. Vielleicht haben sie sie vergessen. Ich denke, ich werde hinüber zum Haus gehen und nachsehen, was dort passiert."

„Nur zu, ich werde solange auf die Hühner aufpassen", erklärte Kojote ihm.

Der kleine Blaufuchs ging in Richtung Haus, aber sobald er hinter einen kleinen Hügel kam, rannte er, so schnell er konnte.

In der Zwischenzeit wartete Kojote auf ihn. Als der kleine Blaufuchs nicht wiederkam, näherte sich Kojote der Tenne.

„Hmm!", dachte er. „Ich denke, ich werde ein paar von diesen Hühnchen fressen, während der kleine Blaufuchs weg ist." Aber als Kojote zur Tenne kam, stellte er fest, dass dort nur Krähen waren. Sobald die Kojote sahen, flogen sie davon.

„Ich werde den kleinen Blaufuchs auffressen. Genau das werde ich tun!", sagte er laut. „Ich werde ihn mit Haut und Haar verspeisen, sobald ich ihn kriege", und er lief los in die Richtung, in die er den kleinen Blaufuchs zuletzt hatte gehen sehen. Schon bald entdeckte er ihn.

Der kleine Blaufuchs, der nicht so schnell wie Kojote und einige der größeren Tiere laufen konnte, musste sich auf seinen Kopf verlassen, weshalb er nun schnell nachdachte. Genau in dem Moment, als Kojote ihn einholte, blieb er stehen und hielt sich die Pfote ans Ohr.

„Horch! Hörst du auch, was ich höre?", fragte er Kojote.

Kojote blieb stehen und spitzte die Ohren, konnte aber nichts hören außer dem Hecheln des kleinen Blaufuchses. „Ich höre nichts", erwiderte er.
„Ich höre eine Trommel. Ich bin heute abend zum Tanzen verabredet und sie werden gleich vorbeikommen und mich abholen", erklärte er Kojote.
„Oh!", sagte der immer leichtgläubige Kojote.
„Wenn das so ist, komme ich mit", und er setzte sich hin, kämmte sein Fell und bemalte sein Gesicht mit Farbe.
Sie warteten eine Weile und niemand kam, deshalb sagte der kleine Blaufuchs: „Freund Kojote, es ist komisch, dass niemand vorbeigekommen ist, um mich abzuholen. Ich sollte besser ins Dorf gehen und nachsehen, was passiert ist."
Kojote dachte bei sich: „Er wird es nicht wagen, mich noch einmal hereinzulegen." Laut sagte er: „Okay, aber vergiss mich nicht!"
Der kleine Blaufuchs ging den Hügel hinauf.

Sobald er außer Sichtweite war, begann er so schnell zu rennen, wie er konnte. Kojote wartete ein paar Minuten und als der kleine Blaufuchs nicht zurückkam, nahm Kojote die Verfolgung auf. Nun war er aber wirklich wütend. „Nichts wird ihn dieses Mal retten können, wenn er mich wieder hereingelegt hat!", knurrte er.
Der kleine Blaufuchs hatte gerade die hohen Felsen erreicht, als er Kojote kommen sah, deshalb blieb er – die Pfoten gegen die Felsen gestemmt – stehen. Und er begann zu stöhnen. Kojote, der sehr böse war, rannte zu ihm und sagte: „Dieses Mal wirst du mich nicht hereinlegen, kleiner Blaufuchs! Es ist mir ganz egal, welche Geschichte du mir gleich erzählen wirst. Diesmal wirst du keinen Erfolg damit haben!"
„Oh, Freund Kojote!", stieß der kleine Blaufuchs hervor. „Ich bin froh, dass du kommst! Als ich unter diesem Felsen entlangging, begann er auf mich niederzustürzen. Seitdem halte ich ihn nach oben.

Bitte hilf mir, denn ich habe keine Kraft mehr! Wenn ich loslasse, wird er herunterstürzen und uns beide umbringen!"

Was tat Kojote wohl? Er nahm all seine ganze Kraft zusammen und stemmte sich mit den Vorderpfoten gegen den Felsen. So standen die beiden eine ganze Weile Seite an Seite und hielten den Felsen. Nach einiger Zeit sagte der kleine Blaufuchs: „Freund Kojote, ich stehe hier schon ziemlich lange und halte den Felsen nach oben. Ich bin sehr müde und durstig. Kannst du ihn einen Moment alleine halten, damit ich etwas trinken gehen kann? Ich komme in ein paar Minuten wieder zurück und löse dich ab, damit du etwas trinken kannst."

Kojote war einverstanden und so rannte der kleine Blaufuchs über den Berg zu einem kleinen See. Der Mond war gerade aufgegangen, als er sein kleines Gesicht dem Wasser näherte, um zu trinken. In der Zwischenzeit wurde es auch Kojote leid, den Felsen festzuhalten.

„Auweh!", sagte er zu sich selbst. „Ich habe solchen Durst, dass ich bestimmt sterben werde, wenn ich nicht bald etwas zu trinken bekomme. Ich werde loslassen, selbst wenn der Fels auf mich herabstürzt!"

Zuerst nahm er eine Pfote vom Felsen weg, dann die andere und sprang schnell weg. Aber nichts passierte. Der Felsen stürzte nicht herab.

„Kleiner Blaufuchs, dieser Gauner, er hat mich schon wieder hereingelegt", rief er. „Bursche! Warte nur, bis ich dich zwischen die Pfoten kriege! Diesmal wird er mir nicht durch die Lappen gehen!"

Kojote rannte den Weg hinunter zum See und sah, wie der kleine Blaufuchs ins Wasser blickte.

„Oh, nein! Freund Kojote, friss mich nicht", heulte der kleine Blaufuchs. „Sieh mal da! Ich habe auf dich gewartet."

„Was willst du diesmal?", fragte Kojote, denn inzwischen war er sehr misstrauisch bei dem kleinen Blaufuchs geworden. Und das aus gutem Grund!

„Komm, dann zeige ich dir was", sagte der kleine Blaufuchs. Er führte Kojote an den Rand des Sees und deutete hinein. Inzwischen stand der Vollmond hoch oben im Nachthimmel und spiegelte sich im Wasser. „Sieh dir diesen großen Käse an!", sagte der kleine Blaufuchs.

„Mmm! Der sieht aber lecker aus!", sagte Kojote, der völlig ausgehungert war. „Aber wie kriegen wir ihn? Es sieht so aus, als wäre er ganz tief unten im Wasser."

„Das ist richtig", bemerkte der kleine Blaufuchs, „aber es gibt einen Weg, wie wir ihn herausholen können."

„Wie denn?", wollte Kojote wissen.

„Wir können ein paar große Steine um deinen Hals binden, damit du untergehst, um an den Käse zu kommen."

Die beiden sahen sich um und fanden einen Hirschlederriemen und einige große Steine.

Der kleine Blaufuchs band die Steine an Kojotes Nacken und sagte: „Bei drei springst du ins Wasser und holst den Käse."

„Okay!", stimmte Kojote zu.

„Eins, zwei, drei!", rief der kleine Blaufuchs, packte Kojote am Nacken und stieß ihn ins Wasser. Kojote sprang zur gleichen Zeit los wie der kleine Blaufuchs drückte und so funktionierte es!

Kojote sank hinab zum Käse, wo er immer noch ist!

Schildkrötentanz-Rasseln

Benötigtes Material

Zwei kleine Pappteller;
125 g trockene Bohnen;
leere Klopapierrolle;
Perlen und Schnüre (wahlweise);
Temperafarben; Pinsel; Tacker;
Schere; Klebstoff.

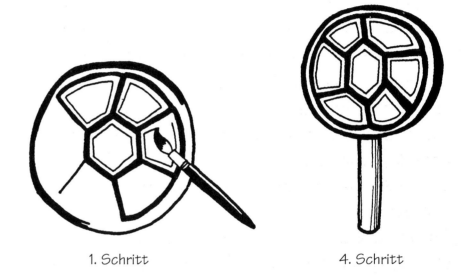

So wird's gemacht!

1. Auf die Rückseite der Pappteller zeichnet man ein Muster, das aussieht wie die Außenseite eines Schildkrötenpanzers, und malt es aus.
2. Die beiden Teller werden mit den Innenseiten aneinandergelegt und am Rand zusammengeheftet. Bevor man den Rand ganz schließt, werden die Bohnen hineingefüllt.
3. In die Klopapierrolle werden einander gegenüber liegend zwei 5 cm lange Schlitze eingeschnitten.
4. Man schiebt die Pappteller in die Schlitze und klebt sie an der Rolle fest.
5. Wenn man möchte, kann man die Rassel noch mit Schnüren und Perlen schmücken.

1. Schritt   4. Schritt

Zusätzliche Informationen

- In den meisten Indianertänzen werden Rasseln verwendet. Früher fertigte man die oben beschriebenen Rasseln wohl aus richtigen Schildkrötenpanzern. Heute werden die Rasseln aus unterschiedlichen Materialien hergestellt: Muscheln, Kürbissen und sogar Blechbüchsen.

- Eine bevorzugte Rasselform ist die Schildkrötenform. Viele Stämme aus dem Östlichen Waldland glaubten, dass die Erde auf dem Rücken einer Riesenschildkröte erschaffen wurde. Deswegen nennen die Cherokees die Erde „Schildkröteninsel".

Warum der Hirsch so stumpfe Zähne hat

Der Lieblingsgauner in den Geschichten der Cherokee war das Kaninchen. Es war ein sehr raffiniertes Bürschchen und alle Tiere mussten wirklich immer auf der Hut sein, um nicht darauf hereinzufallen. Denn es wollte immer seinen Willen bekommen und manchmal sagte es nicht die Wahrheit, weil es andere übervorteilen wollte.

Eines Tages vor langer Zeit in den Great Smoky Mountains liefen das Kaninchen und der Hirsch ein Wettrennen gegeneinander, um zu bestimmen, wer von ihnen ein wundervolles Geweih bekommen sollte. Der Hirsch gewann das Rennen ehrlich, aber das Kaninchen war seitdem neidisch auf ihn. Eines Tages entschloss es sich, es dem Hirschen heimzuzahlen. Es zog eine dicke Weinrebe hoch über den Weg, den der Hirsch immer entlangging. Dann nagte es mit seinen kleinen, scharfen Zähnen daran, bis die Rebe fast ganz durchgefressen war.
Als die Zeit näherrückte, zu der der Hirsch immer vorbeikam, nahm das Kaninchen Anlauf und machte einen Satz in Richtung Weinrebe. Es rannte und sprang solange weiter, bis der Hirsch vorbeikam.
„Was machst du da?", fragte der Hirsch.
„Ach, ich übe nur ein bisschen springen", antwortete das Kaninchen. „Wenn ich richtig hoch springe, werde ich die Rebe mit einem Biss durchbeißen."

„Das glaube ich nicht", sagte der Hirsch.
„Das kann keiner."
„Ich schon", beharrte das Kaninchen. „Ich habe
die kräftigsten und schärfsten Zähne von allen."
„Trotzdem glaube ich dir das nicht", erwiderte
der Hirsch. Er konnte es wirklich nicht glauben,
aber das Kaninchen hatte nun sein Interesse geweckt.
„Soll ich es dir zeigen?", fragte das Kaninchen.
„Ja, klar", antwortete der Hirsch. Er hatte das
Gefühl, er habe nichts zu verlieren, wenn er
nur zuschaute.
Das Kaninchen nahm Anlauf, machte einen gewaltigen
Satz und zerbiss die Rebe genau an der Stelle, wo
es sie, bevor der Hirsch gekommen war, angenagt
hatte. Die Rebe brach ab. Der Hirsch war sehr
erstaunt, aber das wollte er nicht zeigen.
„Nun, wenn du das kannst, kann ich das auch!",
prahlte er nun vor dem Kaninchen.

Das Kaninchen grinste ein wenig, aber nur
im Stillen, damit der Hirsch es nicht bemerkte.
Es wusste, dass es den Hirsch jetzt dahin gebracht
hatte, wo es ihn hinhaben wollte.
Das Kaninchen zog eine andere kräftige Rebe
auf den Weg, aber diese Rebe war natürlich nicht
angenagt. Der Hirsch stellte sich in Position und rief
„Eins, zwei, drei, los geht's!", und er machte einen
Sprung in Richtung Rebe. Aber sie blieb ganz,
schnellte nur zurück und ließ den Hirsch mit dem
Kopf voran zu Boden fallen.
„Ich habe diesmal etwas falsch gemacht", dachte er.
„Ich muss es noch einmal versuchen."
Er holte wieder Anlauf und sprang zur Rebe, aber
auch dieses Mal schnellte sie zurück und warf
den Hirsch zu Boden. Immer wieder versuchte er,
die Rebe zu zerbeißen, aber es gelang ihm nicht.
Es dauerte nicht lange und er war am ganzen
Körper voller Kratzer und blauer Flecken.

Das Kaninchen tat so, als sei es sehr besorgt und hoppelte dorthin, wo der Hirsch mit Schmerzen am Boden lag. „Zeig mir mal deine Zähne", sagte es. Der Hirsch öffnete sein Maul. Das Kaninchen untersuchte den Ober- und Unterkiefer. Es stellte fest, dass seine Zähne sehr lang waren, wie die Zähne vom Wolf, aber nicht sehr scharf.

„Ich weiß, warum es nicht klappen kann", sagte es zum Hirsch. „Deine Zähne sind stumpf. Kein Wunder, dass du die Rebe nicht zerbeißen kannst. Lass mich deine Zähne schleifen."

Das Kaninchen stöberte im Gebüsch herum und fand einen harten Stein mit einer rauhen Oberfläche. Es begann, die Zähne vom Hirsch zu schleifen.

„Au!", beschwerte sich der Hirsch. „Das tut weh!"

„Es tut immer ein bisschen weh, wenn sie geschliffen werden", erklärte das Kaninchen ihm. „Warte nur ein paar Minuten, dann werden sie dir nicht mehr wehtun." Der Hirsch stellte hierauf das Klagen ein.

Schließlich war das Kaninchen fertig und hatte die Zähne vom Hirsch fast vollständig heruntergeschliffen. Es grinste ihn zufrieden an.

„Sie sind perfekt", sagte es. „Jetzt kannst du die Rebe bestimmt in zwei Hälften zerbeißen!"

Der arme Hirsch. Er machte einen großen Satz zur Rebe hin. Aber sein Biss war weitaus schlechter als je zuvor. Plötzlich wurde ihm klar, dass man ihn hereingelgt hatte.

„Das ist für das Geweih, dass du mir weggenommen hast! Ha, ha, ha!" Das Kaninchen verschwand glucksend im Gebüsch.

Seitdem hat der Hirsch stumpfe Zähne und das ist auch der Grund, warum er nur weiches Gras und Blätter fressen kann.

Das Kaninchen mit Geweih

Das ganze Problem zwischen dem Kaninchen und dem Hirsch begann, als das Kaninchen das Wettrennen gegen den Hirsch verlor. Als das Kaninchen vor dem Rennen das wunderschöne, weiche und samtene Geweih sah, das der Preis für den Sieger war, konnte es keine Ruhe geben, bevor es das Geweih nicht für sich selbst gewonnen hätte. Das liegt daran, dass das Kaninchen so selbstsüchtig war.

Es war nie mit dem zufrieden, was es hatte, und es konnte den Gedanken nicht ertragen, dass ein anderer etwas besaß, was es selbst gerne gehabt hätte.

Die Kinder können sich überlegen, wie das Kaninchen mit Geweih aussehen würde und ein Bild von ihm malen. Dann kann man überlegen, wie das Geweih das Leben des Kaninchens verändern würde. Was würde passieren, wenn es über eine Wiese hoppelte? Was wäre, wenn es durchs Gebüsch rennen wollte? Die Kinder können erzählen, was sie darüber denken, oder eine Geschichte dazu schreiben. Was wäre gut und was wäre schlecht, wenn sie selbst ein Geweih auf dem Kopf hätten?

Die freie Fläche rechts kann auf dem Kopierer vergrößert und dazu verwendet werden, eine Geschichte hineinzuschreiben oder ein Bild zu malen.

Tonperlen

Benötigtes Material

250 g Mehl; 1 Esslöffel Pflanzenöl;
250 ml Wasser; 125 g Salz; 2 Teelöffel Weinstein;
Lebensmittelfarbe; Holzbrett; Nagel oder Webnadel;
Farben und Pinsel oder Filzstifte (wahlweise);
Faden oder dünne Kordel.

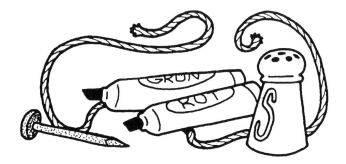

So wird's gemacht!

1. Mehl, Pflanzenöl, Wasser, Salz, Weinstein und Lebensmittelfarbe werden in einem Topf vermischt. Die Masse muss bei mittlerer Hitze und unter ständigem Rühren köcheln.
2. Wenn die Masse eindickt und zu einem großen Teigklumpen wird, löffelt man sie auf das mit Mehl bestäubte Holzbrett und lässt sie auskühlen.
3. Wenn der Teig ausgekühlt ist, wird die Masse durchgeknetet, bis sie weich und geschmeidig ist.
4. Man sollte den Teig zu Perlen formen, solange er noch feucht ist. Mit dem Nagel oder der dicken Webnadel wird je ein Loch vorsichtig durch die Perlenmitte gebohrt. Die Perlen müssen trocknen, bis sie hart sind.
5. Mit Pinsel und Farbe oder Filzstiften können die Perlen nach Wunsch bemalt und dann auf den Faden oder die dünne Kordel gefädelt werden.

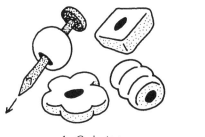 

4. Schritt   5. Schritt

Zusätzliche Informationen

• Der Perlenschmuck der Indianer ist wegen seiner Schönheit in der ganzen Welt bekannt. Lange bevor die europäischen Händler Perlen nach Amerika brachten, schmückten die Indianer ihre Kleidung und andere Gegenstände mit den getrockneten Stacheln des Stachelschweins und Farben. Da farbige Perlen leichter herzustellen sind, gaben nach und nach die meisten Indianer das Verarbeiten der Stacheln auf und verzierten ihre Kleidung lieber mit Perlen als mit Stacheln, obwohl einige Kunsthandwerker immer noch die alte Tradition pflegen. Die meisten Perlen sind Pony-Perlen oder Seed-Perlen. Pony-Perlen sind einfarbig, aber größer als die kleinen Seed-Perlen. Die Perlen werden auf Gürtel und Kleider genäht, an Pfeifen, Zaumzeug, Wiegenbretter und Schmuck angebracht. Manchmal werden noch andere Gegenstände wie Federn, Muscheln, Krallen, Körner, Stacheln und kleine Metallstücke zusammen mit den Perlen verwendet. Mit Perlen verzierte Gegenstände sind von großem Wert und erzielen hohe Preise, wenn sie auf Indianermärkten oder in Geschenkboutiquen verkauft werden.

Das Kaninchen entkommt den Wölfen

Das Kaninchen wurde von einem Rudel Wölfe gefangen. Sie wollten es fressen, deshalb musste das Kaninchen sich schleunigst etwas ausdenken. Es wusste, dass die Wölfe für ihr Leben gerne tanzen, deshalb sagte es: „Bevor ihr mich fresst, lasst mich euch einen neuen Tanz zeigen, den ich gerade gelernt habe. Er ist so gut, dass ihr ihn bestimmt ausprobieren wollt."

Die Wölfe wussten, dass das Kaninchen ein sehr guter Tänzer und Sänger war. Da sie immer gerne auf dem Laufenden waren und alle neuen Tänze kennen wollten, bildeten sie mit einigem Abstand einen großen Kreis darum.

Das Kaninchen klopfte mit den Pfoten im Takt und begann zu tanzen und zu singen:

„Am Rande des Feldes tanz ich und singe,
Am Rande des Feldes tanz ich und singe,
Freut ihr euch nicht über so schöne Dinge
wie mich, wenn ich tanze und singe?"

„Noch einmal!", riefen die Wölfe, als es fertig war.
Und so fing es wieder von Neuem an:

„Am Rande des Feldes tanz ich und singe,
Am Rande des Feldes tanz ich und singe,
Freut ihr euch nicht über so schöne Dinge
wie mich, wenn ich tanze und singe?"

Die Wölfe waren ganz aus dem Häuschen. Sie fanden das Lied und den Tanz vom Kaninchen wirklich sehr gut.
„Bring ihn uns bei!", riefen sie alle auf einmal und so begann das Kaninchen wieder von Neuem:
„Am Rande des Feldes tanz ich und singe,
Am Rande des Feldes tanz ich und singe,
Freut ihr euch nicht über so schöne Dinge wie mich, wenn ich tanze und singe?"
Es machte eine kurze Pause und erklärte den Wölfen: „Wenn ich singe ‚Am Rande des Feldes tanz ich und singe', möchte ich, dass ihr alle so laut, wie ihr könnt, mit den Füßen stampft." Es begann wieder mit dem Singen und Tanzen und alle Wölfe stampften mit den Füßen. Jedes Mal, wenn das Kaninchen das Lied sang, sang es ein bisschen lauter und ging näher an den Rand des Feldes. Beim vierten Mal tanzten und sangen die Wölfe so laut sie konnten. Sie hatten alles um sich herum vergessen, außer ihrem Tanzen und Singen.

Plötzlich machte das Kaninchen einen großen Satz und sprang über das Gras davon, aber die Wölfe sahen es gerade noch losrennen. Sie rannten hinter ihm her und waren schon bald nah an ihm dran. Es rannte zu einem hohlen Baumstamm und hüpfte hinein. Der erste Wolf, der den Baumstamm erreichte, steckte seinen Kopf in die Öffnung, um nach dem Kaninchen Ausschau zu halten. Aber das Kaninchen spuckte ihm ins Auge. Der Wolf zog den Kopf sofort wieder heraus und die anderen Wölfe trauten sich nun nicht mehr. Also gingen sie fort und das Kaninchen war gerettet.

Kriegsbemalung

Benötigtes Material
Gesichtsfarben aus einem Bastel- oder Kostümgeschäft oder Schminke; kleine, saubere Pinsel oder Wattestäbchen.

So wird's gemacht!
Hinweis! Bei der „Kriegsbemalung" sollte ein Erwachsener anwesend sein und helfen!
1. Das ganze Gesicht wird nach Wunsch mit einer oder mehreren Farben bemalt. Man könnte z.B. beide Gesichtshälften mit jeweils einer Farbe bemalen.
2. Wenn die Farbe auf dem Gesicht getrocknet ist, kann man Indianersymbole und Muster darüber malen. Der Fantasie sind keine Grenzen gesetzt!

Zusätzliche Informationen
- Viele Indianer, darunter auch die Prärie-Indianer, haben ihr Gesicht aus dem gleichen Grund bemalt, aus dem wir heute Sonnenschutz benutzen. Da sie ständig draußen waren, war das Gesicht immer der Sonne und dem Wetter ausgeliefert. Die Farben schützten die Haut auch vor Insektenstichen.

- Die Krieger bemalten ihr Gesicht, bevor sie in den Kampf zogen. Sie fanden es wichtig, dass ein Krieger möglichst gut aussah, wenn er in den Krieg zog, für den Fall, dass er getötet wurde. Wenn der Krieger vor den Großen Geist treten musste, war er gut vorbereitet. Der Krieger trug deshalb immer seine besten Kleider und die Mokassins mit der Perlensohle, um zu zeigen, dass er bis zum Schluss gekämpft hatte, wenn er sterben sollte.

- Mitunter fingen die Krieger nicht an zu kämpfen, bis sie sich nicht vollständig geschminkt hatten. Auch die Indianerfrauen bemalten ihre Gesichter, z.B. zum Tanzen oder bei anderen gesellschaftlichen Ereignissen. Die Crow-Frauen strichen sich gerne rote Farbe in ihr Haar, weil sie so stolz auf ihr wunderbares Haar waren. Die Farbe sollte den Blick darauf ziehen. Rot war für die meisten Indianer die heilige Farbe. Die Farben der Indianer wurden aus Pflanzen gewonnen, die ganz fein gemahlen und mit Tierfett vermischt wurden.

Wie die Wildkatze den Truthahn fing

Die Wildkatze isst gerne Kanincheneintopf. So kam es, dass sie eines Tages jagen ging. Nachdem sie sehr lange gesucht hatte, stieß sie auf das Kaninchen und wollte es gerade fressen. Das Kaninchen hatte große Angst, denn es wollte nicht gefressen werden. Es flehte die Wildkatze an, es am Leben zu lassen. „Bitte, Freund Wildkatze", bat es die Wildkatze, „ich bin so winzig, ich bin nur ein kleiner Bissen für dich. Wenn du mich verschonst, werde ich dir zeigen, wo du ganz viele Truthähne zum Fressen finden kannst. Ich werde dir sogar dabei helfen, sie zu fangen."
Wildkatze war nicht sicher, ob ihr diese Idee gefiel, denn sie dachte sich, ein Kaninchen im Maul sei besser als viele Truthähne im Gebüsch.
Aber wie du weißt, ist das Kaninchen ein guter Redner und schon bald hatte es Wildkatze davon überzeugt, dass er besser Truthahn mit Soße als Kanincheneintopf essen solle. Also zogen sie gemeinsam los.

Sie kamen an die Stelle, wo Kaninchen die Truthähne vermutete, und Kaninchen sagte: „Leg dich hier auf den Pfad und stell dich tot."
„Warum sollte ich das tun?", fragte die Wildkatze. „Ich mag es, die anderen zu erschrecken!"
„Wenn du einen Truthahn erlegen willst, musst du genau tun, was ich dir sage", sagte das Kaninchen. Wildkatze war sehr hungrig, deshalb befolgte sie die Anweisungen von Kaninchen.

„Leg dich hier auf den Boden und stell dich tot. Beweg dich nicht, auch wenn ich dich trete. Dann, wenn ich dir das Kommando gebe, spring auf und hole dir den größten Truthahn, den du siehst."
Wildkatze legte sich auf den Boden und sah aus, als wäre sie tot, während Kaninchen ein wenig vermodertes Holz zusammenklaubte. Es zerbröckelte das Holz und ließ es auf Wildkatze fallen, damit sie so aussah, als wäre sie schon länger tot.
Die Augen der Truthähne sind nicht sehr gut und sie sind auch nicht besonders intelligent, deshalb hatten die Truthähne nicht einmal bemerkt, dass Kaninchen mit der Wildkatze den Weg entlanggegangen war. Dann ging Kaninchen hinüber zu den Vögeln und sagte: „Nun, stellt euch vor, ich habe unseren alten Freund Wildkatze gefunden!"
„Wo?", riefen die Truthähne und liefen nervös durcheinander. „Wo ist er? Sag es uns, damit wir vor ihm fliehen können!"

„Er ist gleich da drüben", klärte das Kaninchen sie auf. „Und er ist mausetot! Lasst uns einen Tanz um ihn herum aufführen, um das zu feiern!"
Die Truthähne wussten nicht genau, ob sie dem Kaninchen trauen sollten. Aber da sie nicht besonders klug waren, gingen sie mit ihm.
Wie du schon weißt, kann Kaninchen gut singen und gut Tänze aufführen. Deshalb sagte es zu den Truthähnen: „Ich werde ein Lied singen und den Anfang machen. Wenn ich euch ein Zeichen gebe, werdet ihr um die Wildkatze tanzen."

Es fing zu singen an:
„Schnapp dir 'nen Truthahn
Schnapp dir 'nen Truthahn!"
„Warum singst du das?", wollte der älteste Truthahn wissen.
„Ach, das sagt man so", erklärte das Kaninchen.
„Das hat nichts zu bedeuten." Die Truthähne zuckten mit den Schultern und begannen, um die Wildkatze herum zu tanzen.
Als sie eine Zeit lang getanzt hatten, sagte das Kaninchen: „Okay, geht jetzt zu ihm und tretet ihn, wie wir es in unseren Kriegstänzen tun."
Inzwischen hatten die Truthähne keinen Zweifel mehr daran, dass Wildkatze tot war. Immerhin war sie nicht aufgesprungen, um sie zu fressen. Deshalb ging der älteste, größte Truthahn zu ihr und gab ihr einen Tritt, so fest er konnte.
„Hey, das macht Spaß!", sagte er. „Ich habe noch nie in meinem Leben eine Wildkatze getreten!", und er trat die Wildkatze noch einmal.

Als der Truthahn das tat, fing das Kaninchen an zu singen:
„Schnapp dir 'nen Truthahn
Schnapp dir 'nen Truthahn, jetzt!"
Plötzlich sprang die Wildkatze auf und schnappte sich einen Truthahn, bevor der wusste, was mit ihm geschah. An diesem Abend gab es Truthahn und das Kaninchen war noch einmal davongekommen.

Kanu

Benötigtes Material

Zwei Stücke dünnen Karton oder dünne Styroporstreifen;
einen ca. 60 cm langen Faden; Schere;
große Webnadel; Lochzange oder dicke Nägel;
Farben und Pinsel oder Bunststifte (wahlweise).

So wird's gemacht!

1. Die beiden Kartonstücke oder Styroporstreifen werden aufeinander gelegt. Daraus werden zwei identische Kanuhälften wie auf der Abbildung unten ausgeschnitten.
2. Entlang der unteren Hälfte werde Löcher in die Kanuhälften eingestanzt.
3. In das eine Ende des Fadens wird ein Knoten gemacht, das andere Ende in die Webnadel eingefädelt.
4. Nun näht man die beiden Kanuhälften zusammen, indem man den Faden über die Außenkante und durch die Löcher führt. Am Ende wird der Faden verknotet und der Rest abgeschnitten.
5. Zum Schluss können nach Wunsch die beiden Seitenwände des Kanus mit Farbe oder Buntstiften bemalt werden.

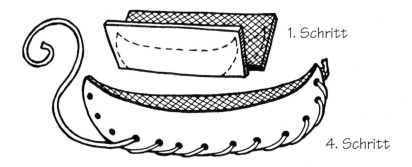

1. Schritt

4. Schritt

Zusätzliche Informationen

• Die Indianer haben viele unterschiedliche Boote gebaut. Die Indianer aus dem Nordwesten bauten ihre Boote aus den Baumstämmen der Zeder. Einige Stämme, die in der Nähe von Seen wohnten, haben für ihre Boote Schilf oder Tierhäute verwendet. Die Indianer aus dem Nördlichen Waldland haben elegante Kanus aus Birkenrinde gebaut, die an einem Holzgestell befestigt wurde. Diese Boote waren federleicht und konnten einfach getragen werden. Mit Hilfe eines Ruders bewegte man das Boot vorwärts.

• Die meisten Indianer haben ihre Boote als Fortbewegungsmittel benutzt. Die Ojibwa und andere Indianer aus dem Nördlichen Seenland ernteten hingegen mit ihren Booten die Körner, die wir heute als wilden Reis kennen.

Der Rabe und der Mond

Was Kojote für die Indianer aus dem Südwesten und Kalifornien und Kaninchen für die aus dem Östlichen Waldland war, das ist der Rabe für die Indianer der Nordwestküste. Einerseits war der Rabe der Erschaffer der Welt. Aber andererseits war er betrügerisch und spielte den Leuten gerne einen Streich. In dieser Geschichte verwandelt sich der Rabe in ein Kind, damit er etwas sehr Wertvolles von den Menschen bekommt. Auch in dieser Geschichte zeigt er beide Seiten: als Erschaffer, der den Mond in den Himmel bringt, und als Gauner, der sich verwandelt.

Ein Fischer und seine bezaubernde Tochter lebten zusammen auf einer Insel hoch oben im Norden. In einem wunderschön geschnitzten Kästchen befand sich ihr liebster Besitz: ein silbrig-glänzender Lichtball, den sie Mond nannten.
Der Rabe wusste von diesem leuchtenden Ball. Da er selbstsüchtig war, konnte er es nicht ertragen, dass ein anderer etwas besaß, was er selbst nicht hatte, und deshalb begehrte er den Ball. Er wollte ihn mehr als irgendetwas anderes auf dieser Welt und er war wild entschlossen, ihn zu bekommen, koste es, was es wolle.
Der Rabe wusste, dass die Tochter des Fischers süße Beeren liebte, deshalb verwandelte er sich in ein Blatt, das in der Nähe des Hauses an einem Beerenbusch wuchs. Eines Tages, als die Tochter hinausging, um Beeren zu pflücken, fiel das Blatt in ihren Körper und sie empfing einen Sohn.

Als der Junge geboren wurde, sah er nicht aus wie seine Mutter oder sein Großvater. Seine Haut war sehr dunkel und er hatte eine lange, krumme Nase, die mehr aussah wie ein Schnabel.
Sobald er krabbeln konnte, schrie er nach Licht. „Mond, Mond", schrie er, „Mond scheinen."
Zuerst reagierten seine Mutter und der Großvater nicht auf seine Bitte nach dem Mond, denn er war sehr kostbar und nichts, womit ein kleines Kind normalerweise spielen sollte. Aber er schrie und weinte immer weiter und eines Tages sagte der Fischer zu seiner Tochter: „Gib ihm die Kugel. Er kann sie nicht kaputtmachen."
Die Mutter stellte ein Holzkästchen auf den Boden, das mit einer wunderschönen Schnitzarbeit verziert war, und öffnete es. Darin war ein anderes Kästchen, das noch schöner verziert war als das erste. Sie öffnete Kästchen auf Kästchen.

In jedem Kästchen war ein anderes, kleineres, das noch schöner war, noch feiner geschnitzt und noch reicher bemalt als das davor.
Schließlich öffnete die Mutter das zehnte und kleinste Kästchen. Es war einfach unfassbar schön und mit dem feinsten Nesselstoff bezogen.

Sie klappte das Kästchen auf und plötzlich wurde das Haus von einem glänzenden, weißen Licht erfüllt, denn in dem Kästchen lag der Vollmond. Die Mutter warf den Lichtball ihrem Sohn zu. Er fing ihn auf und hielt ihn strahlend fest. Mehrere Tage lang spielte das Kind zufrieden mit dem Lichtball, und der Großvater sah seinem spielenden Enkel voller Stolz zu. Aber eines Tages war das Kind es leid, nur mit dem Ball zu spielen, und es begann wieder zu weinen.

Zunächst verstanden die Mutter und der Großvater nicht, was das Kind eigentlich wollte. Aber dann sagte die Mutter: „Ich habe voller Geduld zugehört und ich weiß jetzt, warum er weint."

„Warum?", wollte der Großvater wissen.

„Er möchte, dass wir die Rauchklappe öffnen, damit er die Sterne am Nachthimmel sieht", antwortete sie.

„Dann mach es", sagte der Großvater. „Lass uns nicht noch länger das Geschrei anhören wegen so einer Nichtigkeit. Öffne die Rauchklappe."
Die Mutter öffnete die Rauchklappe und in dem Moment, als sie sie öffnete, verwandelte sich das Kind zurück in sein wahres Ich, den Raben. Er nahm den Ball in seinen langen Schnabel und flog schnell aus der Rauchklappe. Er setzte sich auf einen Berg und warf von da aus den Mond hinauf in den Himmel. Dort ist er bis heute.

Schnitzbilder

Benötigtes Material

Gips; flaches Tablett z.B. eine Schale aus Styropor, wie man sie bei Fleischverpackungen findet, oder ein Schuhkartondeckel; stumpfer Bleistift; schwarze Schuhcreme.

So wird's gemacht!

1. Der Gips wird nach Packungsanweisung angerührt. Dann gießt man ihn in die flache Schale oder den Deckel. Er muss gut trocknen.
2. Wenn der Gips fest ist, wird mit dem stumpfen Bleistift ein Bild in die Oberfläche gekratzt, z.B. eine typische Szene aus dem Leben der Indianer oder ein anderes Indianermotiv.
3. Das fertige Bild wird vorsichtig mit Schuhcreme eingerieben. Die überschüssige Schuhcreme poliert man von der Oberfläche weg.
4. Das Gipsbild sollte 24 Stunden lang liegen, damit es ganz austrocknet. Danach kann man es aus der Form nehmen.

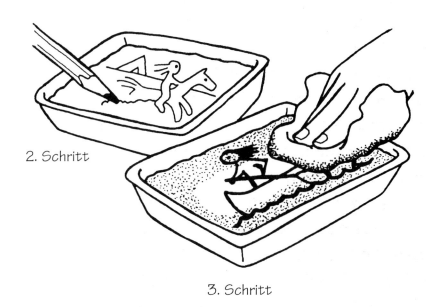

2. Schritt

3. Schritt

Zusätzliche Informationen

- Schnitzbilder wurden jahrhundertelang von den Inuit hoch oben im Norden gemacht. Darstellungen von Stammesmythen und Legenden wurden dafür in das Elfenbein von Walross-Stoßzähnen graviert oder in Knochen, die man mit Ruß polierte. Diese Gravierungen sind mitunter außergewöhnlich kunstvoll und haben viele kleine Details.

Vieho und die Enten

Vor vielen Jahren erzählte die Großmutter eines kleinen Cheyenne-Jungen diese Geschichte von Vieho. In der Sprache der Cheyenne bedeutet Vieho „Spinne", „Gauner" aber auch „weißer Mann". Bevor sie ihm die Geschichte erzählte, sagte die Großmutter zu dem Jungen: „Ich gebe dir diese Geschichte." Damit wollte sie sagen, dass sie ihn eines Tages bitten würde, ihr diese Geschichte zu erzählen. Sie wollte, dass der Junge ganz genau aufpasste, damit er die Geschichte gut erzählen konnte.

Eines Tages wachte Vieho in seinem kleinen Tipi auf. Er hatte Hunger, aber nichts zu essen, deshalb begann er einen Plan zu schmieden, wie er an ein oder zwei gute Mahlzeiten kommen könnte. Er griff nach seiner Decke und ging nach draußen. Er riss viel trockenes Gras aus und legte es auf seine Decke. Dann knotete er die vier Ecken zusammen und warf sich das Bündel über die Schulter.
Er schwang einen Weidenstock und hopste, sprang und hüpfte über den Boden.
„Das wird ein guter Tag für mich", sagte er zu sich selbst, als er weiterhopste. „Ich kann es spüren!"
Vieho blieb auf der Spitze eines Hügels stehen, um zu verschnaufen, und während er mit der Hand die Augen vor der Sonne abschirmte, sah er hinunter auf den Fluss zu seinen Füßen. Ein schlaues Grinsen überzog sein Gesicht, denn unten am Fluss tanzte ein Schwarm Wildenten auf dem sumpfigen Boden. „Ich wusste es! Ich wusste es!", dachte er.

„Es wird ein Fest geben, so viel ist sicher!"
Die Enten sangen und tanzten im Kreis, wobei sich
die Spitzen ihrer ausgebreiteten Flügel berührten.
In dem Kreis saßen die Sänger der Vogelschar,
nickten mit ihren Köpfen und blinzelten im Takt
zu den Trommelschlägen.
Plötzlich richteten sich die Augen einer alten Ente
auf die gebeugte Gestalt des indianischen Kriegers
mit dem großen Bündel auf dem Rücken. Ein wenig
unter dem Gewicht wankend näherte er sich dem
Kreis.
„Ho! Wer kommt denn da?", rief die alte Ente,
während sie weitertanzte.
Als die anderen Enten den Fremden bemerkten,
wurde die Musik allmählich leiser, und sie hörten auf
zu tanzen.
„Oh", sagte eine, „es ist Vieho mit einem Bündel
über den Schultern. Wie geht es dir, Vieho?
Leiste uns doch ein bisschen Gesellschaft und
zeig uns, was du in deinem Bündel hast!"

„Meine Freunde, ich will euer Vergnügen nicht
stören", antwortete Vieho listig. „Es interessiert euch
bestimmt nicht, was ich in meiner Decke habe.
Macht nur weiter. Lasst euch von mir nicht
abhalten!"
Natürlich wusste Vieho, dass die Enten nun sehr
neugierig auf den Inhalt seines Bündels waren,
als sie sich um ihn versammelten.
„Zeig uns, was du da hast", sagten sie.
„Zeig es uns, zeig es uns!", und sie begannen
herumzuhüpfen, wie kleine Kinder es mitunter tun.
„Meine Freunde", sagte Vieho, „ich habe nur
ein Bündel Lieder in meiner Decke.
Die interessieren euch bestimmt nicht."
„Oh doch, das interessiert uns", beharrten
die Enten. „Lass uns deine Lieder hören."
Er tat so, als wäre er sehr unwillig, sie mit ihnen
zu teilen, und stellte behutsam sein Bündel ab.

„Ich werde sie euch vorsingen, aber zuerst muss ich ein rundes Strohhäuschen bauen, denn ich singe meine Lieder nie im Freien."

Er bog schnell ein paar grüne Weidenruten zurecht und steckte die Enden in den Boden, sodass das Häuschen aussah wie eine Schwitzhütte. Dann füllte er mit Schilf und Gras den Rahmen aus. Bald war die Hütte fertig.

„Kommt in mein Haus", winkte er ihnen zu. Eine Ente nach der anderen watschelte hinein, während Vieho lächelnd am Eingang stand. Als alle sich in einen Kreis gesetzt hatten, ging auch Vieho hinein und setzte sich vor den Eingang. Die Enten starrten auf sein Bündel und sagten: „Toll, jetzt werden wir ein paar neue Lieder hören!" Vieho verschloss das Zelt und begann, mit seltsam piepsiger Stimme ein Lied zu singen. Die Enten konnten im Dämmerlicht kaum seine Umrisse erkennen.

Aber dann sang er plötzlich mit voller, dröhnender Stimme los. Während er sang, fühlten sich die Enten unbehaglich, blieben aber trotzdem wie verzaubert regungslos sitzen.

„Mit geschlossenen Augen sollt ihr tanzen, mit geschlossenen Augen sollt ihr tanzen. Jedem mit offenen Augen droht dass sie werden leuchtend rot."

Die Enten erhoben sich und begannen im Kreis zu Viehos Lied zu tanzen. Sie tanzten mit ihren Flügeln eng am Körper und schlossen ihre Augen, als Viehos Gesang lauter wurde. Keine wagte, die Augen zu öffnen, denn wer möchte schon rote Augen haben? Ihre Oberkörper wippten auf und ab, als sie sich immer weiter im Kreis drehten. Sie glitten und hüpften blind über den Boden, denn keine wagte es, die Augen zu öffnen, bis eine Ente schließlich ein Auge halb öffnete und Vieho in der Mitte des Kreises erblickte.

„Oh! Oh!", schrie sie auf. „Rennt um euer Leben! Vieho dreht uns den Hals um und bricht uns das Genick! Flieht! Flieht!"
Da rissen alle Enten entsetzt die Augen auf und sahen, dass die Hälfte von ihnen bereits tot auf der Erde lag. Die, die noch lebten, flogen zur Tür hinaus und bemerkten im Flug, dass ihre Augen nun rot waren.
Vieho verschwendete keinen Gedanken mehr an die, die davongekommen waren, und machte sich auf den Weg nach Hause, um seinen Hunger zu stillen. Als er bei seinem Tipi ankam, entzündete er ein großes Feuer und steckte angespitzte Stöcke um die Feuerstelle, an denen er die Enten befestigte. Er holte große Muscheln und legte sie unter die tropfenden Enten, um den süßen, reichhaltigen Bratensaft aufzufangen. Dann legte er die übriggebliebenen Enten in eine Kuhle in die heiße Asche, um sie dort zu backen.

Mit dem Kinn zwischen den Knien saß Vieho auf dem Boden und beobachtete die langsam garenden Enten. Er konnte es kaum abwarten, sie zu essen. Der köstliche Geruch der allmählich gar werdenden Ente, ließ ihn ungeduldig seine knochigen Hände reiben.
Ein Lüftchen war aufgekommen und ein sehr alter Baum in der Nähe begann zu knarren, als er vom Wind geschüttelt und niedergedrückt wurde.

Der Baum begann mit der Stimme eines alten Mannes zu rufen: „Hilf mir! Ich breche!"
Vieho wandte seinen Blick kaum von den bratenden Enten und den Fetttropfen ab, die in die Muscheln fielen. Aber der Baum setzte seine Hilferufe fort.
Schließlich stand Vieho auf und sah hinüber zu dem Baum. Er ging zu ihm und kletterte die knarrenden Äste hinauf, um nachzusehen, woher das unangenehme Geräusch kam.
Ohne darauf zu achten, wohin er seine Füße setzte, trat er genau dann in eine Astgabel, als ein heftiger Windstoß aufkam. Der Wind drückte die Astgabel zusammen und hielt Viehos Fuß wie ein Schraubstock fest.
„Hilfe!", rief nun er. „Mein Fuß ist eingeklemmt und ich kann mich nicht bewegen!"
Er versuchte immer wieder vergeblich, den Fuß zu befreien. Er hing fest und war nun ein Gefangener des Baums.

Ein Wolfsrudel kam vorbei, als Vieho ihnen aus dem Baum zurief: „Hey, Wölfe", brüllte er. „Kommt her und helft mir! Ich habe mir den Fuß eingeklemmt und kann nicht zu meinem Festmahl. Esst bloß nicht meine Enten!"
Die Wölfe lächelten sich vielsagend zu. „Was für ein Trottel", sagten sie zueinander. „Er sagt, er hat Entenbraten! Da wollen wir uns mal bedienen!", und sie sprangen hinüber zum Lagerfeuer, wo die Enten gerade über dem ausgehenden Feuer saftig braun wurden. Sie aßen die Enten, während Vieho das Wasser im Mund zusammenlief.
Inzwischen zog der Schmerz vom Fuß hinauf ins Bein und er litt ziemliche Qualen. Er musste die restlichen Enten sichern, bis er wieder vom Baum klettern konnte. Die Tränen kullerten ihm über die Wangen, als die Wölfe die gebratenen Enten fertig verspeist hatten.

„Zumindest habt ihr nicht die Enten gefressen, die ich gebacken habe", sagte Vieho. Die Wölfe sahen einander an. „Er sagt, dass es noch gebackene Enten gibt!", meinte einer. „Lasst uns die auch fressen!"
Und das taten sie auch! Sie rannten zurück zum Feuer, das inzwischen erloschen war, und gruben in der Asche, um die restlichen Enten zu finden.

„Danke, lieber Freund", sagten sie zu Vieho, als sie schmatzend davontrabten.
Da kam wieder ein Wind auf und befreite Vieho aus seinem Baumgefängnis, aber nun war es für den Gauner zu spät für den Entenbraten.
So setzte er sich niedergeschlagen an das erloschene Feuer.
Armer Vieho! Er wird es nie lernen!

Gottesauge

Benötigtes Material

Zwei Stöcke, beide ca. 30 cm lang;
Wolle in 3–6 Farben;
Schere; Bastelmesser;
Nadel mit großer Öse;
weißer Klebstoff.

So wird's gemacht!

1. Mit dem Bastelmesser die beiden Stöcke in der Mitte eingekerbt und dann über Kreuz zusammengeklebt. Der Klebstoff muss gut trocknen.
2. Ein Stück Wolle wird nahe der Schnittstelle um einen der Stöcke geknotet.
3. Jetzt kann man damit beginnen, den Wollfaden gegen den Uhrzeigersinn reihum um jeden Stock zu schlingen. Die Farbe kann nach Lust und Laune gewechselt werden.
4. Wenn die Stöcke vollkommen mit Wolle bedeckt sind, wird der Faden verknotet. Zusätzlich kann man nach der Anleitung unten Quasten anfertigen und an allen vier Enden der Stöcke befestigen. Um das Gottesauge aufzuhängen, macht man an einem Ende eine Schlaufe.

3. Schritt

4. Schritt

Zusätzliche Informationen

• Um Quasten anzufertigen wickelt man ca. fünfundzwanzig Mal einen Wollfaden um die Finger oder ein Stück Pappe. Dann zieht man einen kurzen Faden durch die oberen Schlaufen und knotet sie fest zusammen. Die unteren Schlaufen der aufgewickelten Wolle werden durchgeschnitten. Mit einem weiteren kurzen Faden bindet man die Wollstränge dicht unter der oberen Schlaufe zusammen.

• Gottesaugen sind traditionelle Handarbeiten bei den Indianern im Südwesten, inklusive den Navajo. Normalerweise haben sie die Funktion von Glücksbringern oder Symbolen. Manchmal werden sie von den Navajo allerdings auch benutzt, um ungebärdige Kinder zu bändigen.

Quellen

Burland, Cottie. „Der Rabe und der Mond", *Mythologie der Amerikaner Nordamerikas.*
Dt. von Erika Schindel, Wiesbaden Vollmer, 1971.

Carlson, Laurie. *More Than Moccasins.*
Chicago Review Press, 1994.

Clark, Ella Elizabeth. „The Origin of the North Star", *Indians Legends of Canada.*
McClelland and Stewart Limited, 1992.

Eastman, Charles A. (Ohiyesa) und Elaine Goodman Eastman. „The Ghost-Wife", *Wigwam Evenings.*
University of Nebraska Press, 1990.

Giddings, Ruth Warner. „The Ku Bird", *Yaqui Myths and Legends.*
University of Arizona Press, 1993.

Gifford, Edward W. und Gwendoline Harris Block. „Why Mole's Hands Are Bent Back", „Sun's Arrival in the Sky", „A Story of the Sun and the Moon", „The Pleiades", *California Indian Nights.*
University of Nebraska Press, 1990.

Grinnell, George Bird. „The Mouse's Children", „Sweet Medicine" nach der Erzählung „Sweet Medicine and the Arrows", *By Cheyenne Campfires.*
University of Nebraska Press, 1971.

Grinnell, George Bird. „Napi Makes the World" nach der Erzählung „The Blackfoot Genesis", *Blackfoot Lodge Tales.*
University of Nebraska Press, 1962.

Hardin, Terri. „Terrapin and the Turkey", „Calling the Buffalo", *Legends and Lore of the American Indians.*
Barnes and Noble, 1993.

Lowie, Robert H. und Louella C. Lowie. „The Creation", *The Crow Indians.*
University of Nebraska Press, 1963.

F. „The North Wind and the South Wind", „The Race of the Tails", „The Boy and the Eagle" nach der Erzählung „The Moqui Boy and the Eagle", „Coyote and the Little Blue Fox", *Pueblo Indian Folk-Stories* (Originaltitel: *The Man Who Married the Moon*).
University of Nebraska Press, 1991.

Merriam, C. Hart. „How they got the Fire", *The Dawn of the World.*
Arthur H. Clarke Company, 1910.

Meuel, Harriett. „The Legend of Tutock-ah-nu-lah", *Indian Legends of Yosemite.*
Charmar of Mariposa, 1983.

Milord, Susan. *Das Naturkinderbuch. 365 Aktivitäten und Experimente für drinnen und draußen. 1 Jahr täglich ein Naturerlebnis.*
BEA + Poly, 1994.

Mooney, James. „Warum der Hirsch so stumpfe Zähne hat", „Wie die Wildkatze den Truthahn fing", „Der Hase entkommt den Wölfen", „Das Ballspiel zwischen den Vögeln und den übrigen Tieren", *Mythen der Cherokee. Der Aufstand der vierfüßigen Völker und die Eulenspiegeleien von Tricksterhase.*
Zerling Reihe: Dokumenta Ethnographica, 1992.

Neihardt, John G. und Schwarzer Hirsch. „Warum es Blutsbrüder gibt", *Ich rufe mein Volk. Leben, Visionen und Vermächtnis des letzten großen Sehers der Oglala-Sioux.* Bechtermünz/VVA, 1995.

Western Regional Environmental Council. *Project Wild.*
Project Wild, 1983.

Zitkala-Sa. „Vieho and the Ducks" nach der Erzählung „Iktomi and the Ducks", *Old Indian Legends.*
University of Nebraska Press, 1985.

Wer sich im **Internet** informieren möchte, kann unter folgenden Adressen einmal nachschauen:

http://tribal.com/resour.htm

http://ourworld.compuserve.com/homepages/J_Oberst/link.htm

http://www.neravt.com/left/native.htm

Spielen, entdecken, verstehen

Indianer-Spiele

Spiele der Ureinwohner Amerikas für die Kids von heute

Ruben Philipp Wickenhäuser

„Der kleine Winnetou spielte mit den anderen Kindern vor dem Zelt seiner Eltern ..." Das hat Karl May nie geschrieben, meinen Sie? Stimmt! Aber ist doch eigentlich schade ... Deswegen hier die erste umfassende Sammlung von Spielen der nordamerikanischen Ureinwohner.

Die Spiele stecken voller überraschender Ideen und phantastischer Spielgeräte, die leicht und ohne größeren Aufwand selbst zu basteln sind. Ödet es Sie nicht auch an, dass die neuen Sporttrends immer öfter bloße Konsumschlachten sind? LehrerInnen, GruppenleiterInnen und Eltern finden hier eine Sport- und Spiele-Sammlung, mit der sie Kinder und Jugendliche fast jeder Altersstufe begeistern können: Gedulds-, Geschicklichkeits- und Wettkampfspiele finden Sie ebenso wie Spiele für einzelne SpielerInnen, Paare und Mannschaften.

Für diejenigen, die sich auch für den historischen Hintergrund der Spiele interessieren, gibt es zusätzlich viele Informationen zur Kultur und Geschichte der nordamerikanischen Indianer.

240 S., 16 x 23 cm, Pb.
ISBN 3-86072-293-X
Best.-Nr. 2293 36,- **DM**/sFr/263,- öS

Im Zoo –

eine Aktivmappe

Materialien für Ausflüge, Erkundungen und Projekte

Twycross Zoo

Zoos sind phantastische Lernorte, für die man Kinder nicht lange begeistern muss! Beobachtungs- und Erkundungsaufgaben helfen beim Lernen durch eigene Anschauung: Wie verhalten sich Tiere beim Schlafen? – Wie schützen sich Tiere gegen Kälte und Wärme? Natürlich geht es auch um die Frage, ob Zoos Gefängnisse oder Rettungsinseln für Tiere sind.

Ab Kl. 4, 160 S., A4, Pb.
ISBN 3-86072-224-7
Best.-Nr. 2224 38,- **DM**/sFr/277,- öS

Das Naturmalbuch

Ausmalbilder und Sachgeschichten zu Tieren und Pflanzen

J. Dittmann, H. Köster

Ab 6 J., 108 S., A4, Pb.
ISBN 3-86072-314-6
Best.-Nr. 2314
39,80 **DM**/sFr/291,- öS

Piratenträume

Phantasiereisen und Meditationen für den fächerübergreifenden Unterricht

H. P. Meyer (Musik),
H. Hoefs (Ideenheft),
J. Votteler (Bilder)

Die Kinder folgen den Piraten vom Hafen übers Meer auf eine Südseeinsel. Musik und Bilder illustrieren die Reise, deren Verlauf die Kinder durch ihre eigene Phantasie bestimmen. Das Ideenheft bringt Anregungen für einen kreativen Unterricht quer durch alle Fächer.

Ab Kl. 3, Set in stabiler Pappbox, illustr. Ideenheft mit 32 S., CD und 5 Dias
ISBN 3-86072-299-9
Best.-Nr. 2299
45,- **DM**/sFr/329,- öS

Piraten und Seefahrer

W. Kneip, S. Schneider

Wenn der Sprottenpiet auf Seereise geht, dann passieren immer die merkwürdigsten Sachen. Ein Glück, dass die Kinder mitreisen und ihm kräftig zur Hand gehen können. So erfahren sie von ihrem Kapitän, was das überhaupt ist, ein echter Seefahrer, wie eine Mannschaft beschaffen sein muss und wie man sich verhält auf hoher See. Texte, Gedichte, Lieder, Spielideen, Bewegungs- und Gestaltungsübungen rund um die Welt auf hoher See.

Kiga/Kl. 1/2, 128 S., A4, Pb., zweifarbig
ISBN 3-86072-272-7
Best.-Nr. 2272
29,80 **DM**/sFr/218,- öS

Um Kindern die Natur in ihrer Umgebung näher zu bringen, werden in dem „Naturmalbuch" 80 bekannte und weniger bekannte heimische Tier- und Pflanzenarten vorgestellt. Zu jedem Bild gibt es auch eine kleine Sachgeschichte. Auf diese Weise wird den Kindern Wissen vermittelt, das die Grundlage bildet für einen verantwortungsvollen Umgang mit der Natur.

Delphine und Wale

Eine Werkstatt- und Projektmappe

Christian Saager

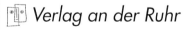

Wale sind wunderbare Geschöpfe. Doch es gibt auch Walfang, gedankenloses Wal-Watching und kommerzielle Verniedlichungen wie „Free Willy". Besonders beliebt bei Groß und Klein sind die flinken Zahnwale, besser bekannt als Delphine.

Schwerpunkte der Projektmappe sind u.a. Lebensraum und Ernährung der Wale, der Körper des Meeressäugers, der Lebenszyklus der Wale, Wale/Delphine und der Mensch (vom Mythos zum Delphinarium), Walfang und der Wal als Nutztier. Dabei werden Übungsformen wie Wal-Diktate, Wörtersuchspiele mit Selbstkontrolle, Bastelanleitungen für Wal-Puzzles, Recherche zur Bildung von Schreibanlässen, selbstständige Erarbeitung eines kleinen Wal-Referats, Gestaltung eines Gruppenplakats zur Rettung der Wale u.v.m. angeboten. Die Mappe liefert alle Informationen, die Sie brauchen, um mit Ihrer Lerngruppe eine fächerübergreifende Wal-Werkstatt einzurichten. Dazu gehört eine Wal-Bibliothek, eine Wal-Wandzeitung und natürlich der individuelle Wal-Hefter, der während der Arbeit mit der Projektmappe entsteht.

(Kein Vertrieb in der Schweiz)
(erscheint August 1997)
Ab Kl. 4, ca. 100 S., A4, Papph.
ISBN 3-86072-318-9
Best.-Nr. 2318
ca. 36,- **DM**/263,- öS

Bitte schicken Sie uns eine Kopie dieser Seite.

Verlag an der Ruhr

Postfach 10 22 51, D-45422 Mülheim an der Ruhr
Alexanderstr. 54, D-45472 Mülheim an der Ruhr
Tel.: 02 08 / 49 50 40, Fax: 02 08 / 495 0 495
e-mail: info@verlagruhr.de

Sie können direkt beim *Verlag an der Ruhr* bestellen oder über den örtlichen Buchhandel.

☐ Bitte senden Sie mir Ihren Katalog.
☐ Hiermit bestelle ich die angekreuzten Titel.